Gartendesign
für Innenhöfe

Toby Musgrave

Gartendesign
für Innenhöfe

Mit 18 Gestaltungsplänen

CHRISTIAN VERLAG

Für Aulani
Du hast mir so viel gegeben.
Ich danke dir dafür.

Aus dem Englischen übersetzt von
Dr. Angela Kuhk
Redaktion: Sabine Block
Korrektur: Dr. Michael Schenkel
Umschlaggestaltung: Horst Bätz
Herstellung: Dieter Lidl
Satz: Fotosatz Völkl, Puchheim

Druck und Bindung: Phoenix Offset Ltd.,
Hongkong

Printed in China

HINWEIS

Inhalt

Seite 1: Ein geöffnetes Tor gewährt Zutritt zu einem friedlichen und abgeschiedenen Garten. Dies ist der Inbegriff eines Innenhofgartens – ein Versteck und ein kleines Paradies auf Erden.

Seite 2: Große, geschickt platzierte architektonische Pflanzen lassen diesen kleinen, sehr regelmäßig geformten Innenhof größer und weniger streng geometrisch erscheinen. Das lauschige Plätzchen vermittelt eine ausgesprochen romantische Stimmung, die durch den locker überhängenden Baum noch verstärkt wird.

Seite 3: Kraftvolle Formen sind charakteristisch für Knotengärten, eine traditionelle Art der Heckengestaltung, die einem Innenhof eine Atmosphäre von Stabilität, Dauer und Zeitlosigkeit verleihen.

Links: Der Höhenunterschied erweitert diesen winzigen Innenhof um eine zusätzliche Dimension und verhindert, dass er zu lang und schmal wirkt. Die Begrenzungen werden durch eine Kollektion verschiedener Zierobjekte und eine Vielzahl auserlesener Pflanzen verwischt, die allesamt Planung und Individualität erkennen lassen.

Die Kunst der Innenhofgestaltung

Ein Innenhof bildet einen idealen Ort, um sich hin und wieder von der Welt zurückzuziehen. Dies wussten bereits unsere Vorfahren, denn der Innenhofgarten ist so alt wie das Gärtnern selbst. Indem wir uns für diese Gartenform entscheiden, führen wir also eine sehr alte und hoch geschätzte Tradition fort, die vor mindestens 5000 Jahren ihren Anfang nahm.

Auf alten ägyptischen Grabmalereien sind die ersten Innenhofgärten wie heilige Stätten dargestellt; zum Himmel hin offen und umgeben von Mauern oder Palisaden, die Schutz vor Plünderern und heißen Wüstenstürmen boten. Im Inneren dieser Mauern befanden sich schattige grüne Oasen, in denen rechteckige Bassins, gespeist vom Wasser des Nils, von Blumenbeeten gesäumt wurden. Schutz vor der Sonne boten hohe Bäume und mit Weinreben berankte Pergolen – eine wahre Insel der Ruhe und eine Erfrischung für den Geist.

Im Laufe der Jahrhunderte entwickelten sich von Land zu Land und von Epoche zu Epoche verschiedene Varianten des Innenhofes, zum Teil bedingt durch das jeweils vorherrschende Klima und die zur Verfügung stehenden Pflanzen. Diese anhaltende Beliebtheit des Innenhofgartens hat bewirkt, dass wir heute auf einen reichhaltigen, weltweiten Fundus an Gestaltungsideen zurückgreifen können, der unzählige interessante und spannende Anregungen für die Lösung moderner Gestaltungsfragen bereithält.

Heute kann der Innenhof als die perfekte Möglichkeit gelten, die eigenen vier Wände um einen zusätzlichen Raum zu erweitern. Er bietet größere Gestaltungsfreiräume für das Leben unter freiem Himmel als beispielsweise ein Wintergarten; zudem hängt sein Potenzial nicht unbedingt von einer bestimmten Größe ab. Neben einem Ort der Schönheit und Ruhe bietet so ein Zimmer im Freien Platz für Geselligkeiten im Kreise von Freunden und für die Kultur verschiedenster Pflanzen, kurzum ein Eckchen, an dem Geist und Seele Erfrischung finden.

Damit ein Innenhof entstehen kann, der einerseits Persönlichkeit und Lebensstil widerspiegelt, andererseits ästhetische Ansprüche und zeitliche wie finanzielle Möglichkeiten berücksichtigt, sind wohl überlegtes Design und sorgfältige Planung unerlässlich. Als eine Folge einzelner Arbeitsschritte betrachtet, kann dies zu einer äußerst angenehmen und dankbaren Aufgabe werden. Jede Planungsphase bietet die Chance, die eigene Kreativität zu entfalten; und ist die Arbeit schließlich vollbracht, stellt sich große Genugtuung über das Erreichte ein. Zuallererst heißt es jedoch, Klarheit über die eigenen Wünsche und den Stil des Innenhofes zu gewinnen. Welche Funktionen soll er erfüllen, und wie soll er aussehen? Formal oder zwanglos gestaltet, an historische Vorbilder angelehnt oder Elemente unterschiedlicher Epochen und Kulturen vereinend? Wer sich durch den Blick in die Vergangenheit zu einem eigenen Stil inspirieren lässt, der unserer Zeit entspricht, erlebt die Freude, Historisches zu neuem Leben zu erwecken und gleichzeitig einen Garten zu schaffen, der funktional, bezahlbar und realisierbar ist und sich dennoch ein wenig vom Durchschnitt abhebt.

Im Kapitel „Vorbilder und Inspirationen" (Seite 14–55) finden sich kurze Einführungen zu verschiedenen Stilrichtungen, inklusive dreidimensionaler Gartenpläne mit detaillierten Beschreibungen und Listen der verwendeten Pflanzen und Materialien. Die Pläne sind von historischen Vorbildern angeregt – vom antiken Rom über Europa bis zum amerikanischen Kontinent und Japan – und schließen auch einen Blick in die Zukunft ein. Natürlich muss man sich nicht zwingend auf einen historischen Stil festlegen, sondern kann ebenso gut ein bestimmtes Thema oder einen praktischen Aspekt als Ausgangspunkt der Gestaltung wählen – romantisch, pflegeleicht, ein Ort für Einladungen usw. Acht weitere Entwürfe, die diesen Ansatz verfolgen, werden im Kapitel „Themen gestalten" (Seite 56–93) vorgestellt.

Ist die Entscheidung für eine Stilrichtung oder ein Thema gefallen, geht es an die Auswahl der Rahmenelemente – derjenigen Objekte und Materialien,

Ein kraftvoller und durchdachter Entwurf, der eine Reihe von komplementären Materialien einbezieht, ist eine wesentliche Voraussetzung, soll der Eindruck eines gut ausgenutzten Raumes entstehen. (gegenüber)

Das geometrische Muster der Buchshecken betont den symmetrischen, mit Ziegeln eingefassten Grundriss des Innenhofes. An diesem Parterre lässt sich die Bedeutung traditioneller Elemente für die Gestaltung eines modernen Innenhofes erkennen. Es zeigt ebenfalls, wie die verschiedenen Blickwinkel innerhalb des Gartens im Design berücksichtigt werden sollten. (oben rechts)

Eine Einfassung schafft Privatsphäre und sollte, wo sie einen Teil des Gartengerüstes bildet, reizvoll gestaltet sein. Blickfänge wie Skulpturen sind unentbehrlich, da sie die Aufmerksamkeit auf besondere Punkte im Garten lenken, während Bäume lichten Schatten spenden. (Mitte rechts)

Hier überspielen Pflanzen die harten Konturen des Bodenbelags und der vertikalen Elemente. Der Spiegel im Gartenhäuschen aus Spalierpaneelen lässt hingegen ein Trompe-l'Œil entstehen und sorgt für ein Überraschungsmoment, vielleicht gar für kurzzeitige Verwirrung. (unten rechts)

die Form, Gestaltung und Stimmung festlegen. Einen Auszug aus dem stetig zunehmenden Angebot an Materialien und Einrichtungsgegenständen präsentiert das Kapitel „Der Rahmen" (Seite 94–121). Einfriedung und Innenaufteilung sollten stets zum allgemeinen Stil des Gartens passen, ebenso wie Pflanzen und Bodenbeläge. Auch gilt es zu überlegen, ob Wasser in die Gestaltung einbezogen werden soll – und wenn ja, in welcher Form: als plätschernder Wasserlauf, sprudelnder Springbrunnen oder als friedvoller Teich, der das Spiel der Wolken reflektiert.

Die Frage der Beleuchtung spielt ebenfalls eine wesentliche Rolle. Sie sollte bei der Planung von Anfang an mit berücksichtigt werden, da sich elektrische Leitungen in einem frühen Stadium am besten verlegen lassen. Architektonische Pflanzen, zum Teil möglicherweise bereits vorhanden, wenn ein existierender Garten neu gestaltet wird, dienen als eine Art lebender baulicher Elemente und sind sehr nützlich als Bindeglieder zwischen Haus und Garten.

Sämtliche Gestaltungsmittel und Effekte zur Dekoration des Gartens sollten dem jeweiligen Stil entsprechend ausgewählt werden. Skulpturen, Kübelpflanzen, Sonnenschutz und Gartenmöbel können die gewünschte Atmosphäre verstärken; sie bilden zusätzlichen Blickfang und ergänzen den Garten um weitere dekorative Aspekte. Zu jedem Gartenstil passt eine Vielzahl an Zierelementen, dargestellt im Kapitel „Dekorative Elemente und Effekte" (Seite 122–141).

Die dritte Phase bei der Gestaltung eines Gartens besteht in der Arbeit mit einer maßstabsgerechten Skizze des Innenhofes auf Pauspapier. Bei einem vollständig neuen Garten weist dieser Plan nicht viel mehr auf als die Umrisse des Grundstückes, die Türen des Hauses, die Nord-Süd-Ausrichtung sowie mögliche attraktive Ausblicke aus dem Garten, die Öffnungen in Mauer oder Zaun erforderlich machen. An der Ausrichtung lassen sich sonnige und schattige Lagen erkennen, die wiederum den Platz für Sitzecken oder ein Wasserspiel mitbestimmen. Auch leichte Gefälle werden vermerkt, da hier mitunter einige Stu-

Asymmetrie und kühne architektonische Formen als Grundelemente eines modernen Innenhofes. Das Design setzt einen Kontrast zur umliegenden Landschaft und spiegelt sie gleichzeitig wider, indem es die natürlichen Formen von Pflanzen und Steinen mit Gussbeton und einem künstlichen Wasserlauf vereint. (rechts)

Ornamentale Boden- und Wandfliesen tragen zur Eleganz dieses islamisch beeinflussten Innenhofes bei. Es handelt sich um einen pflegeleichten Garten, wunderbar geeignet zum Entspannen – was die Katze so anschaulich demonstriert. (unten)

fen vorzusehen sind, ebenso Flächen, auf denen eventuell eine Grube für einen Teich ausgehoben werden könnte. Bei der Umgestaltung eines bestehenden Gartens werden auch die Standorte von erhaltenswerten Pflanzen und Gestaltungselementen eingezeichnet.

Ist der Garten in groben Zügen skizziert, schiebt man die neuen Gestaltungselemente mithilfe eines weichen Bleistiftes und eines Radiergummis so lange spielerisch hin und her, bis ein einheitliches Bild entstanden ist. Dabei sollte bedacht werden, dass hier auch die spätere Aussicht vom Haus aus festgelegt wird.

Nun gilt es nur noch die praktischen Aspekte zu bedenken, damit am Ende alles am rechten Platz ist. Ist man sich im Klaren darüber, wie der Garten begangen (Wege und Stufen!) und wie er genutzt werden soll, wird das Ergebnis eine wohl proportionierte Anlage sein, die Ruhe und Frieden ausstrahlt. Wer dem Garten eine individuelle Prägung geben will, wird sehr gut beurteilen können, wann die Wirkung stimmt.

Den letzten Schritt stellt die Planung der Bepflanzung dar. Hier gilt die Devise „die richtige Pflanze am richtigen Ort": Man sollte sich auf Arten und Sorten konzentrieren, die für die vorhandenen Klima- und Bodenbedingungen geeignet sind (Letztere können durch Pflanzung in Kübeln angepasst werden), sonst ist alle Mühe vergebens. Die Tiefe des Oberbodens lässt sich durch Ausheben von zwei bis drei Löchern testen. Ist er weniger als 30 cm tief, sollte eine zusätzliche Schicht Erde ausgebracht werden. Schwerer Tonboden lässt sich durch organisches Material wie Stallmist oder Sand verbessern; in Gegenden mit starkem Niederschlag kommt möglicherweise ein unterirdisches Drainagesystem in Betracht. Der pH-Wert des Bodens lässt sich mit einem Testsatz bestimmen (ein pH-Wert unter 7 deutet auf sauren Boden hin, 7 ist neutral, über 7 basisch). Ein Blick auf gut gedeihende Pflanzen in Nachbars Garten liefert ebenfalls wertvolle Anregungen.

Einen Katalog von Pflanzen, die sich besonders gut für Innenhöfe eignen, bietet das Kapitel „Pflanzen für Innenhofgärten" (Seite 142–155): Hier finden sich Kurzporträts von über 400 Pflanzen, nach ihrer Verwendung in unterschiedliche Kategorien eingeteilt. Dies erleichtert die Pflanzenauswahl erheblich. Wer ein Design nach historischem Vorbild plant, kann sich jedoch auch ganz puristisch auf die in der entsprechenden Epoche erhältlichen Arten beschränken.

Steht der Plan auf dem Papier, kann mit der baulichen Umsetzung begonnen werden. Hierzu empfiehlt es sich, einen in mehrere Phasen unterteilten Zeitplan aufzustellen. Den Anfang bildet das architektonische Gerüst, etwa Mauern, erhöhte Beete, Pflaster, Wege und Wasserbecken oder Teiche. Es folgen die dekorativen Elemente und schließlich die Pflanzung. Einige Arbeiten erfordern fachmännische Hilfe, den Rest kann man getrost selbst in die Hand nehmen. Gelegentliche Fehler sind nicht tragisch; sie sind ein Teil des Gesamtprozesses, der letztendlich zur richtigen Lösung führt. Nach der Fertigstellung kann man stolz zurücktreten, in dem Wissen, ein kleines eigenes Paradies geschaffen zu haben – ein treffendes Wort, ist es doch abgeleitet vom altpersischen *pairidaeza* – „eingefriedeter Raum".

Der mediterrane Innenhof lebt von Kübelpflanzen und glatten Oberflächen. Hier bildet dunkelgrünes Blattwerk einen kräftigen Gegensatz zum terrakottafarbenen Gemäuer. (links)

Architektonische Pflanzen lenken die Aufmerksamkeit auf bestimmte Teile des Innenhofes. Dies lässt sich durch Pflanzung kontrastierender Arten oder großer Solitärpflanzen erreichen. (unten)

Vorbilder und Inspirationen

Aus der Klassik

Wenn die Entwicklung der Gartenkultur ein Maßstab für den Zivilisationsgrad ist, dürfen die Römer in der Tat als hoch zivilisiertes Volk gelten. Ihre Gärten waren Meisterwerke der Gartenkunst, die für die Gestaltung eines modernen Innenhofes zahlreiche Anregungen liefern können.

Der typische römische Stadtgarten, der *hortus*, besaß eine rechteckige Grundform und war formal gestaltet. Er diente ebenso als Lebensraum unter freiem Himmel wie als Garten und spielte im Leben der Familie eine bedeutende Rolle, denn die Römer wussten ihre Freizeit nicht weniger zu schätzen als wir. Als typisches Merkmal gilt das Peristyl – ein Innenhof mit einem überdachten Säulenumgang. Das Dach des Ganges bot Schutz vor Sonne und Regen, während niedrige Spaliere zwischen den einzelnen Säulen als eine Art „Bilderrahmen" für Wandgemälde fungierten, auf denen Naturszenen – Flüsse, Wälder, Meer, Berge – dargestellt waren. Von diesen wiederum war die Gestaltung der zentralen Freifläche inspiriert. Dieser ebenfalls rechteckige Bereich, der eigentliche Garten, lag entweder auf gleicher Höhe mit dem Säulengang oder war leicht abgesenkt.

Wege, in trockenen Regionen aus verdichteter Erde, in feuchteren aus Sand und Kies, führten zu den Hauptattraktionen des Gartens und grenzten die Pflanzflächen ein. Als Beeteinfassung dienten niedrige

Hecken aus immergrünem Buchs, häufig zu Zierformen geschnitten. In den Beeten selbst wechselte die Bepflanzung mit der Jahreszeit. Die verwendeten Pflanzen stammten aus Italien oder den Provinzen des Römischen Reiches, also in erster Linie aus dem Mittelmeerraum oder anderen Gebieten Europas. Viele Arten wurden eigens gezogen, um Kränze und Girlanden zu binden, die bei religiösen und öffentlichen Feiern wie auch an Festtagen als Schmuck dienten; besonderer Beliebtheit erfreuten sich Rosen und Veilchen.

Zu den typischen Gestaltungselementen zählte das zentrale Wasserbecken. Ausgrabungen brachten die unterschiedlichsten Varianten zum Vorschein, von schlicht bis extravagant, die meisten basierten jedoch auf einer Rechteckform und waren in den Boden eingelassen. Auch die Beckenwände waren vielfältig gestaltet: Schlichter Beton fand sich ebenso wie leuchtend blauer Gipsputz (in der Farbe unserer heutigen Schwimmbecken) oder kunstvolle Mosaike. Häufig war ein Springbrunnen im Becken installiert; das Wasser stieg aus einer Urne, Schale oder Statue empor. War der Brunnen nicht in Betrieb, spiegelten sich der Himmel und die Plastik in der stillen Wasseroberfläche; sobald er eingeschaltet wurde, war sein Plätschern im gesamten Garten zu hören. (Heute werden solche Effekte auf Knopfdruck von Wasserpumpen erzeugt; die Römer waren noch auf die Wirkung der Schwerkraft angewiesen.)

Eine unterhaltsamere Form des Wasserspiels boten die Wassertreppen, die häufig Bestandteil eines weiteren beliebten und reizvollen Gestaltungselementes waren, des *nymphaeum aediculae*. Dieser kleine Tempel lehnte stets gegen eine Außenmauer und war mit Mosaiken in bunten geometrischen Mustern sowie Muscheln verziert. Er war einer

der Gottheiten geweiht, denen man eine Verbindung zum Garten zuschrieb. Auch gab es Zierobjekte aus farbenfrohen Materialien wie Stein, Marmor, Terrakotta, Bronze oder Mosaik. Diese Stücke wurden zu Ehren der Götter und Göttinnen aufgestellt, die in besonderer Beziehung zum Garten standen, etwa Venus als Beschützerin des *hortus* und Pan als Gott der Natur und des Universums. Hermen, Büsten einer Gottheit auf einem säulenartigen Sockel, waren sehr beliebt, möglicherweise weil sie preiswerter waren als komplette Statuen.

Sitzgelegenheiten und Tische für geselliges Beisammensein wurden aus Stein gehauen oder aus Bronze und Stein gefertigt. Besonders raffiniert war die mit Kissen gepolsterte Wasserbank aus Stein; sie war gleichermaßen elegant, dekorativ und praktisch. Die Wasserbänke standen rund um das Becken, im Wasser wurde der Wein gekühlt.

Ein Garten nach klassischem Vorbild kann überall angelegt werden, außer in sehr kühlen Regionen. Da ein vollständig umlaufender Säulengang sehr kostspielig werden kann, sieht der auf Seite 19 vorgestellte Plan

Dieser Ausschnitt eines römischen Stadtgartens, mit dem Auge des Künstlers gesehen, zeigt einen kleinen Springbrunnen und einen schattigen überdachten Gang mit Blumengirlanden und Spalieren zwischen den Säulen. Auf dem Boden des leicht abgesenkten Innenhofes sind Mosaikfliesen verlegt. (links)

Zerfall der Antike, anschaulich in Szene gesetzt durch den römischen Bogen in einer baufälligen Mauer und die hohen griechischen Säulen. Am Boden liegende Blütenblätter verstärken die Wirkung ebenso wie efeuberankte Mauern, von Moos und Flechten überwachsene Statuen und vereinzelte Wildkräuter. Der dekorative Tisch lädt zu Mahlzeiten im Freien ein. (gegenüber und unten)

Die verwitterte Büste umweht noch ein Hauch der Eleganz vergangener Tage. Die in typisch griechischem Stil gehaltene Einfassung des Bodenbelages lenkt das Auge zu dem kuppelförmigen Buchsbaum, einem in römischen Gärten sehr beliebten Formschnittgehölz. (unten)

lediglich an einer Seite des Innenhofes einen überdachten Gang vor. Getragen von Säulen im römischen Stil, verkörpert er nicht nur den Kern des Gartens der Antike, sondern ist ebenso attraktiv wie praktisch. Als preiswertere Alternative bieten sich Markisen an, die man an den Wänden anbringt und je nach Witterung öffnet oder einrollt.

Der zentrale, abgesenkt angelegte Gartenbereich ist über einige Stufen vom vorderen wie vom hinteren Teil des Hofes aus zugänglich. Spaliere trennen ihn von einem umlaufenden Weg aus Steinplatten. Wer die Pflanzfläche erweitern möchte, legt einfach einen ebenerdigen Garten an mit größeren Beeten und einem schmaleren Weg. Im gezeigten Entwurf werden Beete und Weg von niedrigen Hecken aus Buchs *(Buxus sempervirens)*

eingefasst. Die Bepflanzung ist traditionell, doch diese Auswahl ist keineswegs zwingend, denn auch zahlreiche moderne Arten fügen sich problemlos in einen Innenhof nach dem Vorbild der römischen Antike ein.

Sorgt man jetzt noch für geeignete Gartenbeleuchtung, ist ein solcher Innenhof genau der richtige Ort, um Gäste zu empfangen und das Leben zu genießen, ganz im Stil der Römer.

Ein moderner Klassiker in klaren Linien: weißer Beton, zu römisch anmutenden Bögen und Kolonnaden gegossen. Als Kontrast dient die Statue, die dank der Beleuchtung plastisch hervortritt. Die asymmetrische Gestaltung bewirkt eine gewisse Theatralik, noch verstärkt durch die spärliche Bepflanzung. (oben)

Hier beherrscht ein Wasserbecken das Bild. Sowohl das Bassin als auch der Wandbrunnen in Form eines Löwenkopfes betonen die formale, klassische Gestaltung. Die strengen Linien werden durch Kies, Naturstein und immergrüne Gehölze sanft gemildert. (links)

Pflanzen für einen klassischen Innenhof

1 Madonnenlilie (*Lilium candidum*) **2** Erdbeerbaum (*Arbutus unedo*) **3** Levkoje (*Matthiola incana*) **4** Immergrün (*Vinca minor*) **5** Safran (*Crocus sativus*) **6** Kirschlorbeer (*Prunus laurocerasus*) **7** Hirschzunge (*Asplenium scolopendrium*) **8** Duftveilchen (*Viola odorata*) **9** Gartenthymian (*Thymus vulgaris*) **10** Türkenbundlilie (*Lilium martagon*) **11** Myrte (*Myrtus communis*) **12** Beifuß (*Artemisia arborescens*) **13** Efeu (*Hedera helix*) **14** Dichternarzisse (*Narcissus poeticus*) **15** Nachtviole (*Hesperis matronalis*) **16** Lorbeer-Schneeball (*Viburnum tinus*) **17** Wald-Frauenfarn (*Athyrium filix-femina*) **18** Goldlack (*Cheiranthus cheiri*) **19** Stachelakanthus (*Acanthus spinosus*) **20** Rose (*Rosa* 'Madame Hardy') **21** Damaszenerrose (*Rosa* x *damascena*) **22** *Tanacetum parthenium* **23** Schopflavendel (*Lavandula stoechas*) **24** Jupiterblume (*Lychnis flos-jovis*) **25** Buchsbaum (*Buxus sempervirens*)

Aus dem Orient

Hinter Mauern verborgen und abgeschlossen von der Außenwelt, vereinen sich im islamischen Innenhof geometrische Gestaltungsprinzipien, fließendes Wasser und wunderbare Pflanzen zu einem ruhigen, schattigen Rückzugsort, fernab von jeglichem hektischen Treiben.

Im Wüstensand des heutigen Saudi-Arabien stiftete der Prophet Mohammed den Islam, der seit dem 7. Jahrhundert durch moslemische Heere weit verbreitet wurde. Der Koran verheißt denjenigen, „die glauben und die guten Werke tun", Gott werde sie „in Gärten eingehen lassen, unter denen Bäche fließen; darin werden sie auf immer ewig weilen". Einem Volk von Wüstenbewohnern müssen „ausgedehnter Schatten", „Früchte und Springbrunnen und Granatäpfel", „fließendes Wasser" und „kühle Pavillons" tatsächlich wie das Paradies erschienen sein.

Dies war die geistige Grundlage, auf der islamische Künstler in aller Herren Länder irdische Gärten schufen. Wo immer sie wirkten, griffen sie jedoch stets auch Aspekte der landeseigenen Kultur auf. Daher weisen geographisch so weit voneinander entfernte Gärten wie jene der indischen Moguln, des persischen Omaijadenreiches oder der spanischen Mauren zwar gemeinsame islamische Züge auf, besitzen zugleich aber auch ihren ganz eigenen Stil. Zahlreiche Dokumente belegen, wie diese irdischen Paradiese ausgesehen haben, zu denen auch Meisterwerke wie der Tadsch Mahal in Agra, der Generalife in Granada und die Agdal-Gärten in Marrakesch zählen.

Neben noch existierenden Gärten und archäologischen Funden bezeugen vor allem die Abbildungen auf wunderbaren persischen Teppichen und in illustrierten Hand-

schriften aus dem Reich der indischen Moguln, dass es sich um verschwenderisch luxuriöse Gärten gehandelt haben muss. Gewiss waren dies zumeist die Gärten der Oberschicht, doch besaßen religiöse Bezüge für den einfachen Bürger ebensolche Bedeutung wie für Kalifen und Kaiser, und kleine, abgeschlossene Gärten wurden traditionell als kühle, ruhige Refugien angelegt. Für eigene Gestaltungsideen bieten diese paradiesischen Winkel eine Fülle von Anregungen.

Unabhängig von seiner Größe besitzt ein islamischer Garten stets ein geometrisches Grundmuster mit der zugehörigen Symmetrie. Ein reich verziertes Tor gewährt dem Besucher Eintritt in den Garten, wo ihn süßer Blütenduft und der leise, beruhigende Klang plätschernden Wassers empfangen. Die Mitte des Hofes ist einem Springbrunnen oder, in größeren Anlagen, einem Pavillon vorbehalten. Von diesem gehen vier Wege ab, häufig auch schmale Wasserkanäle, die die vier Flüsse des Lebens symbolisieren und den Garten in Quadranten aufteilen – daher auch der alte persische Name *chahar bagh* oder „vier Gärten". Ein Weg aus Marmor, Stein, Ziegeln, Kieseln oder Mosaik bietet Zugang zum gesamten Garten und umgrenzt den *chahar bagh* sowie die Blumenbeete, die den verbleibenden Raum bis zur Einfriedung ausfüllen.

Die vier Gartenabschnitte können vielfältig gestaltet sein. In heißen Regionen sind sie

Kaiser Babur überwacht die Anlage seines *chahar bagh,* abgebildet in einer Handschrift aus dem Reich der indischen Moguln aus dem 16. Jahrhundert. Die unerlässlichen vier Beete sind reich mit Blumen bepflanzt. (gegenüber oben)

Der „Brunnen des Lebens" in der Mitte des Innenhofes ist ein unverzichtbarer Bestandteil islamischer Gärten. Typischerweise ist er wie hier als rundes Becken mit muschelförmigem Rand gestaltet. (gegenüber Mitte)

Der Blick aus der Vogelperspektive bezeugt die Anpassungsfähigkeit des islamischen Stils. Ein kleines Wasserspiel lässt hinreichend Platz für eine üppige, oasenartige Bepflanzung. (gegenüber unten)

häufig mit Stein- oder Marmorplatten ausgelegt, auf denen Sitzgelegenheiten und Kübelpflanzen stehen. Die Steinfliesen können jedoch auch durch Wasser ersetzt und die Beete zu erhöhten Bassins mit je einem Springbrunnen in der Mitte umgestaltet sein.

Aus dem 12. Jahrhundert stammt der *chahar bagh* des Alkazars im spanischen Sevilla. Die Beete liegen hier etwa zwei Meter unter Weghöhe, wodurch sie wie ein lebender Gartenteppich wirken. Im eigenen Garten lässt sich dieser Effekt eines exotischen, juwe-

Ein Rosenpavillon hat in diesem Innenhof eine süß duftende, schattige Zufluchtsstätte entstehen lassen. Die Fläche um den reich verzierten Springbrunnen ist mit dekorativen Fliesen ausgelegt. Anstelle der schmalen Wasserkanäle, die den Garten, wie im Koran beschrieben, in vier Abschnitte teilen, finden sich hier Kieswege. (oben)

lenartig wirkenden lebendigen Teppichs nachahmen, indem man das Niveau der Blumenbeete um 60 cm absenkt. Bepflanzt wird mit niedrigen Zwiebel- und Knollengewächsen und Stauden, im Sommer sorgen Einjährige für zusätzliche Farbtupfer. Legt man statt der Beete vier Rasenflächen an, wirkt

Pflanzen für einen islamischen Innenhof

1 Zwergpalme *(Chamaerops humilis)* **2** Echter Jasmin *(Jasminum officinale)* **3** Rose *(Rosa hemisphaerica)* **4** Platane *(Platanus orientalis)* **5** Moschusrose *(Rosa moschata)* **6** Sauerkirsche *(Prunus cerasus)* **7** Myrte *(Myrtus communis)* **8** Pfirsichbaum *(Prunus persica)* **9** Schwarzer Maulbeerbaum *(Morus nigra)* **10** Quitte *(Cydonia oblonga)* **11** Weinrose *(Rosa rubiginosa)* **12** Zitrone *(Citrus limon)* **13** Pomeranze *(Citrus aurantium)* **14** Süßkirsche *(Prunus avium)* **15** Mandelbaum *(Prunus dulcis)* **16** Judasbaum *(Cercis siliquastrum)* **17** Granatapfelbaum *(Punica granatum)* **18** Französische Tamariske *(Tamarix gallica)* **19** Wacholder *(Juniperus communis 'Hibernica')* **20** Gartenanemone *(Anemone coronaria)* **21** Herbstzeitlose *(Colchicum autumnale)* **22** Krokus *(Crocus biflorus)* **23** Safran *(Crocus sativus)* **24** Hyazinthe *(Hyacinthus orientalis)* **25** Echter Alant *(Inula helenium)* **26** Türkenbundlilie *(Lilium martagon)* **27** Lilie *(Lilium monadelphum)* **28** Waldvergissmeinnicht *(Myosotis sylvatica)* **29** Dichternarzisse *(Narcissus poeticus)* **30** Schlafmohn *(Papaver somniferum)* **31** Pferdeeppich *(Smyrnium olusatrum)* **32** Tulpe *(Tulipa humilis)* **33** Tulpe *(Tulipa linifolia 'Red Gem')* **34** Tulpe *(Tulipa turkestanica)* **35** Gras

Der leicht erhöhte Pavillon mit einer Couch, dekorativen Vorhängen und einem Wasserspiel lässt eine exotische Stimmung wie aus Tausendundeiner Nacht aufkommen. Eine Allee aus Frucht tragenden Orangenbäumen, zu beiden Seiten von einem Wasserkanal begrenzt, erinnert an den Generalife im spanischen Granada.

das Ganze „grüner", zudem besteht die Möglichkeit, im Gras Blumenzwiebeln zu setzen.

Der nebenstehende Plan zeigt einen *chahar bagh* mit zentralem Springbrunnen. Das Wasser wird am Fuß des Brunnens aufgefangen und rinnt durch die Kanäle in vier dekorative runde Becken mit je einem kleinen, sprudelnden Wasserspiel.

Um die nutzbare Fläche des Innenhofes zu erweitern, wurden die Quadranten als Rasenflächen angelegt, die mit Zwiebel- und Knollengewächsen aufgelockert werden können. Ein Blüten- oder Obststrauch in der Mitte jedes Viertels betont den Zieraspekt des Gartens noch stärker. Als schlichte, aber reizvolle Alternative wäre auch ein schmales Beet zwischen Weg und Rasen denkbar, von einer niedrigen Buchshecke gesäumt.

Vier einzelne Koniferen in schwarzen Pflanzkübeln markieren die vier äußeren Ecken des Hofes, der Weg ist mit weißen Steinplatten gepflastert. Für die umlaufenden Beete wurde eine Bepflanzung gewählt, die dem geometrischen Grundmuster ein wenig die Strenge nimmt und Schönheit mit Nutzen verbindet. Echter Jasmin *(Jasminum officinale)* verhüllt das Mauerwerk, und seine Blüten parfümieren die Luft, ebenso wie Zitrusblüten und Rosen. Obstbäume – Schwarzer Maulbeerbaum *(Morus nigra)*, Mandelbaum *(Prunus dulcis)*, Quitte *(Cydonia oblonga)*, Pfirsich *(Prunus persica)* und Granatapfelbaum *(Punica granatum)* – bieten ihre essbaren Gaben dar, während Ziersträucher wie Myrte, Judasbaum, Zypresse und Tamariske Form, Struktur und Farbe beisteuern. Die beiden Platanen

dürfen hoch genug wachsen, um die Sitzgelegenheit beschatten zu können, bevor sie gestutzt werden. Am Haus bietet eine Markise Schutz vor der Sonne.

An Blumenzwiebeln und Stauden finden sich Hyazinthen und Tulpen fürs Frühjahr, Lilien und Mohn für den Sommer sowie späte Krokusse für den Herbst. In traditionellen islamischen Gärten kommt vielen Pflanzen allegorische Bedeutung zu. So könnte eine Weinrose *(Rosa rubiginosa)* gesetzt werden als Symbol für das Antlitz der Geliebten, ein Apfel für ihr Kinn und ein Wacholder für ihre Gestalt.

Aus dem Mittelalter

Der mittelalterliche Garten gleicht einem tiefen, erfrischenden Atemzug, einer schützenden Zuflucht, in deren Mauern süß duftende Kräuter und Blütenpflanzen, lauschige Gartenlauben, plätschernde Springbrunnen und romantische Blumenwiesen warten.

Der mittelalterliche Lustgarten des ausgehenden 11. Jahrhunderts markiert den Anbruch eines neuen Gartenzeitalters im nördlichen Europa. Es entwickelte sich ein eigenständiger Stil, der allerdings zahlreiche Anregungen den Reisen ins maurische Spanien verdankte sowie den Kreuzzügen (ab 1095). Insbesondere die Normannen kehrten mit neuen Ideen zurück, nachdem sie die islamische Gartenkunst und ihre Pflanzenwelt kennen gelernt hatten. So sind etwa Blumenwiesen und Wasserspiele islamischen Ursprungs und die weitläufigen fürstlichen Jagdparks entfernte Verwandte des assyrischen *pairidaeza* (von dem sich das Wort „Paradies" herleitet).

Der Zier- oder Kräutergarten wurde stets innerhalb von Burgmauern angelegt, denn Frieden war eine zerbrechliche Angelegenheit. Mitunter auch als *hortus conclusus* – „eingeschlossener Garten" – bezeichnet, diente er in erster Linie der Unterhaltung und der Ruhe, oft aber auch als Schauplatz romantischer Liebeleien im Schutze einer von Blütenduft erfüllten Gartenlaube. Die Gestaltung war weit weniger kunstvoll als die der Gärten des Feindes, die so spürbaren Einfluss ausgeübt hatten. Der häufig quadratische oder längliche Garten war durch Spaliere von der restlichen Burg getrennt, geometrische Entwurfsprinzipien fehlten. In der Tat beruhen Charme und Komplexität der mittelalterlichen Gärten gerade auf ihrer Schlichtheit und den vielfältigen Möglichkeiten, ihre charakteristischen Gestaltungselemente einzusetzen.

In mittelalterlichen Innenhöfen befand sich häufig eine Blumenwiese – eine Grasfläche, auf der zahlreiche niedrige Blumen ausgesät wurden. Waren die Gärten größer, umfasste die Wiese auch Obstbäume und wurde zum Zier-Obstgarten oder *viridarium*. Aber auch Innenhöfe ohne Gras kamen vor; sie enthielten rechteckige Hochbeete, verbunden durch Wegekreuze mit Kies- oder Pflasterbelag. Gerade auf kleinem Raum sind Hochbeete aus Holz oder Ziegeln sehr praktisch: Sie gliedern die Fläche und schaffen eine zusätzliche Ebene, sind gut zugänglich und dadurch pflegeleicht. Zudem hält die Verschalung die Erde im Beet, und man tritt nicht hinein.

Die Bepflanzung folgte keinem starren Schema. Im Gegensatz zu Klostergärten, wo man in der Regel nur eine Art pro Beet zog, wurden hier Blütenpflanzen, Sträucher und Kräuter bunt gemixt, um eine möglichst dekorative Wirkung zu erzielen. Verglichen mit heute war das Angebot an Pflanzen im Mittelalter denkbar gering, die meisten mussten daher gleich mehrere Funktionen erfüllen. Neben ihrem Zierwert besaßen viele Arten auch kulinarische oder medizinische Bedeutung, oder man streute sie in Innenräumen auf dem Boden aus – eine einfache Methode, um das Raumklima zu verbessern. Süß duftende Blüten und Kräuter wurden auch zu kleinen Sträußen

Holzspaliere, üppigst mit Rosen begrünt, umschließen eine duftende Oase der Ruhe. Dieser einfach angelegte Burggarten aus dem 15. Jahrhundert umfasst eine Grasfläche und Rasensitze, zu denen ein Holzbogen Zutritt verschafft. Das Tor leitet über zu einem mit Reben bekleideten Laubengang aus Spalieren, der von Hochbeeten gesäumt wird. (links)

Die kreisförmige Bank aus geflochtenen Weidenruten ist in diesem französischen Klostergarten von einem Ring von Apfelbäumen umgeben, erzogen an Spalieren aus Weidengeflecht. In der üppigen Bepflanzung spiegelt sich die mittelalterliche Kunst, die verschiedensten Heil- und Nutzpflanzen zu einer höchst dekorativen Komposition zu arrangieren. (rechts)

gebunden, die man sich außerhalb des Hauses schützend vor die Nase hielt, wenn die Gerüche des mittelalterlichen Alltags allzu intensiv wurden.

Ob mit oder ohne Wiese, der Garten des Mittelalters enthielt stets Zierelemente wie Springbrunnen oder Spaliere, die auf Mauern aufgesetzt oder zu tunnelartigen Gängen geformt wurden. Da man Honig zum Süßen sehr schätzte und als Hauptbestandteil für die Herstellung von Met (Honigwein) benötigte, waren auch Bienenkörbe aus Stroh sehr beliebt. Im 12. Jahrhundert kamen Gartenlauben in Mode – als Folge heimlicher königlicher Liebschaften. Errichtet aus zusammengebundenen Weidenruten oder lebenden Schösslingen und berankt mit Kletterpflanzen wie Rosen, Efeu, Weinreben, Geißblatt, *Clematis*-Sorten und Echtem Jasmin *(Jasminum officinale)*, forderte so ein lauschiges Plätzchen ein heimliches Schäferstündchen geradezu heraus.

Der Plan für einen mittelalterlichen Innenhof vereint Aspekte beider Richtungen. Um die richtige Kulisse zu bieten, wurde die Einfriedung so gestrichen, dass sie an Burgmauern erinnert. Die Blumenwiese befindet sich direkt beim Haus und ist in Anlehnung an das *viridarium* mit zwei Obstbäumen bepflanzt. Hier steht auch der Springbrunnen, der in einen Garten nur mit Hochbeeten ebenfalls gut passen würde. Links unten vor der Mauer findet sich ein weiterer Klassiker des mittelalterlichen Gartens: eine mit Römischer Kamille bewachsene Bank, der zarte Düfte entströmen, sobald man sich auf ihr niederlässt. Zusätzlich könnten Blumenbeete entlang der Einfriedung eingeplant werden, begrünte Spaliere auf den Mauern oder auch ein Rasenlabyrinth, dessen Muster den gewundenen Pfad des Lebens symbolisiert.

Spaliere, über und über von duftenden Rosen bedeckt, trennen die beiden Gartenbereiche. Hinter ihnen befindet sich der *hortus conclusus*, den man über eine Flechtheckenallee aus Hainbuchen *(Carpinus betulus)* betritt. Eine mit Kletterpflanzen begrünte, tunnelartige Pergola aus Spalieren wäre hier ebenfalls denkbar. Aus dem Kiesbelag erheben sich die traditionell bepflanzten Hochbeete, der dekorative Bienenkorb findet Platz auf einem Tisch. Die Laube aus Weidenruten gibt dem Innenhof auch im Winter räumliche Wirkung, im Sommer ist sie ein schattiger Zufluchtsort. Ihr Boden ist mit Römischer Kamille bewachsen, deren Aroma bei Betreten freigesetzt wird.

In diesem geheimen Garten bildet kontrastierendes Grün den Hintergrund für das massive Wasserspiel und die hölzerne Pflanzenpyramide. Eine mit Kletterpflanzen bekleidete Laube lädt dazu ein, die Stille zu genießen. (links)

Pflanzen für einen mittelalterlichen Innenhof

1 Ziest *(Stachys officinalis)* **2** Herbstzeitlose *(Colchicum autumnale)* **3** Gemeine Nachtkerze *(Oenothera biennis)* **4** Beinwell *(Symphytum officinale)* **5** Pfefferminze *(Mentha × piperita)* **6** Gartenfenchel *(Foeniculum vulgare)* **7** Schlüsselblume *(Primula veris)* **8** Stiefmütterchen *(Viola tricolor)* **9** Schlafmohn *(Papaver somniferum)* **10** Heiligenkraut *(Santolina chamaecyparissus)* **11** Basilikum *(Ocimum basilicum)* **12** Anis *(Pimpinella anisum)* **13** Myrte *(Myrtus communis)* **14** Dill *(Anethum graveolens)* **15** Rosmarin *(Rosmarinus officinalis)* **16** Römische Kamille *(Chamaemelum nobile)* **17** Waldgeißblatt *(Lonicera periclymenum)* **18** Echter Jasmin *(Jasminum officinale)* **19** Weinraute *(Ruta graveolens)* **20** Bärlauch *(Allium ursinum)* **21** Dalmatinische Insektenblume *(Tanacetum cinerariifolium)* **22** Kardone *(Cynara cardunculus)* **23** Gartenthymian *(Thymus vulgaris)* **24** Majoran *(Origanum majorana)* **25** Ährenminze *(Mentha spicata)* **26** Eisenkraut *(Verbena officinalis)* **27** Echter Lavendel *(Lavandula angustifolia)* **28** Rainfarn *(Tanacetum vulgare)* **29** Knoblauch *(Allium sativum)* **30** Oregano *(Origanum vulgare)* **31** Engelwurz *(Angelica archangelica)* **32** Lorbeerbaum *(Laurus nobilis)* **33** Ysop *(Hyssopus officinalis)* **34** Schnittlauch *(Allium schoenoprasum)* **35** Damaszenerrose *(Rosa × damascena* 'Versicolor') **36** Gallicarose *(Rosa gallica* 'Versicolor') **37** Hechtrose *(Rosa glauca)* **38** Hainbuche *(Carpinus betulus)* **39** Apfel *(Malus domestica)* **40** Mispel *(Mespilus germanica)* **41** Kornrade *(Agrostemma githago)* **42** Tausendschön *(Bellis perennis)* **43** Maiglöckchen *(Convallaria majalis)* **44** Krokus *(Crocus purpureus)* **45** Breitblättriges Knabenkraut *(Dactylorhiza majalis)* **46** Natternkopf *(Echium vulgare)* **47** Blutroter Storchschnabel *(Geranium sanguineum)* **48** Hasenglöckchen *(Hyacinthoides non-scripta)* **49** Goldnessel *(Lamiastrum galeobdolon)* **50** Leinkraut *(Linaria purpurea)* **51** Osterglocke *(Narcissus pseudonarcissus)* **52** Kuckucks-Knabenkraut *(Orchis mascula)* **53** Klatschmohn *(Papaver rhoeas)* **54** Brandkraut *(Phlomis fruticosa)* **55** Orangerotes Habichtskraut *(Hieracium aurantiacum)* **56** Kissenprimel *(Primula vulgaris)* **57** Gewöhnliche Kuhschelle *(Pulsatilla vulgaris)* **58** Rotes Leimkraut *(Silene dioica)* **59** Gamander-Ehrenpreis *(Veronica chamaedrys)* **60** Vogelwicke *(Vicia cracca)* **61** Duftveilchen *(Viola odorata)*

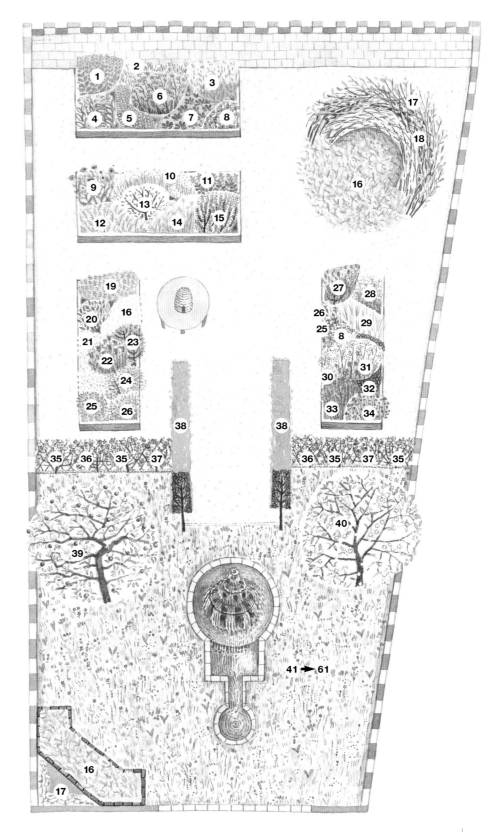

Aus der Renaissance

Der italienische Renaissancegarten stellt einen Höhepunkt westlicher Gartenkunst dar, der zu seiner Zeit die Gartengestaltung in ganz Europa beeinflusste. So innovativ er vor mehr als fünf Jahrhunderten war, so groß ist noch heute seine Bedeutung als Ideenlieferant für die Gestaltung von Innenhöfen.

Reich verzierte Gebäude, trickreiche Wasserspiele, anmutige Statuen, immergrüne Bäume und leuchtende Blüten – all dies gehörte zum italienischen Renaissancegarten. Er war ein raffiniertes Kunstwerk, ein Ort, um Besucher zu beeindrucken, Gäste zu unterhalten und über die wieder entdeckten Schriften griechischer und römischer Klassiker zu diskutieren. Der Garten wurde als Teil des Hauses konzipiert; symmetrische Entwürfe und eine Reihe von Terrassen schufen die Verbindung zwischen beiden Bereichen. Die Hauptachse des Gartens erstreckte sich vom Haupteingang in der Mitte des Hauses bis zum Ende des Gartens; die Bereiche rechts und links dieser Linie waren im Wesentlichen deckungsgleich. Innerhalb dieses Rahmens gediehen zahlreiche neu eingeführte Pflanzen, darunter Agaven und Paprika (*Capsicum annuum*) aus der Neuen Welt, Zwiebelgewächse aus Persien und dem Orient sowie Arten aus den Gärten Roms.

Die Ideen des Renaissancegartens verbreiteten sich über ganz Europa, wobei sich ihre praktische Umsetzung von Land zu Land unterschied. Mitte bis Ende des 16. Jahrhunderts erreichte diese Welle auch England. Hier, hinter den schützenden Mauern des typischen Herrenhauses, entwickelte sich alles in kleinerem Maßstab als bei den europäischen Vettern; das Ergebnis war eine Kreuzung aus italienischen, französischen und durch und durch englischen Auffassungen. Aus Italien und Frankreich wurde die Vorliebe für Terrassen übernommen, die Gestaltung entlang einer zentralen Achse, Aussichtspavillons, Wasserspiele und Statuen, Tiergehege, Volieren und Grotten, außerdem Pflanzen wie Akanthus (*Acanthus mollis*), Türkenbundlilie (*Lilium martagon*) und Flieder (*Syringa × persica*). Aus England stammten Sonnenuhren und Aussichtshügel, welche, mit einer Sitzgelegenheit oder einem Pavillon gekrönt, einen herrlich weiten Blick boten. Zu den neuen Pflanzen, die von britischen Abenteurern aus Nordamerika eingeführt wurden, zählten Goldrute *(Solidago canadensis)*, Kardinalslobelie *(Lobelia cardinalis)* und *Actaea rubra.* Und es gab die Knotengärten. Wenngleich sich der erste Hinweis darauf in einem italienischen Buch aus dem Jahre 1499 findet, waren es doch die Engländer, die sich dieser Idee annahmen und sie weiterentwickelten.

Knotengärten wirken auf der begrenzten Fläche eines Innenhofes besonders gut. Sie sind schön anzusehen, in sich geschlossen und geben der Anlage rund ums Jahr räumliche Struktur. Innerhalb eines quadratischen Beetes oder mehrerer Beete legt man mit niedrigen Hecken aus Buchsbaum, Heiligenkraut *(Santolina)* oder Grasnelken *(Armeria)* ein Knotenmuster an. Die Flächen dazwischen werden mit farbigem Kies oder mit Blütenpflanzen aufgefüllt, von denen viele auch bereits den mittelalterlichen Gärtnern bekannt gewesen sein dürften. Das Prinzip, Nützliches mit Schönem zu verbinden, findet hier also seine Fortsetzung. Die Pflanzungen der Renaissance sind jedoch stärker auf den dekorativen Aspekt ausgerichtet; Stauden und Einjährige werden in Gruppen gesetzt und lassen ein lockeres Gewebe aus Farben und Düften entstehen, das mit den Jahreszeiten wechselt. Frühe Knoten basierten auf einfachen geometrischen Mustern, etwa einem Quadrat, das in Viertel aufgeteilt war; im Laufe der Zeit wurden die Muster immer raffinierter. In einem größeren Innenhof kann die gesamte Knotenfläche mit einem niedrigen Spalier umzäunt werden.

Der Plan auf Seite 31 setzt ganz auf Symmetrie. Die mit Steinplatten gepflasterte obere Terrasse lädt ein zu Betrachtungen über Gott und die Welt; mit ihrer entspannten Atmosphäre stellt sie aber auch einen idealen Ort für Geselligkeiten dar. Ein leise plätscherndes kleines Wasserspiel und duftende Rosen vor den Mauern tragen das Ihre dazu bei. Ein Ziergeländer trennt die obere Terrasse von der unteren,

Eine Säule, von einer Glyzine üppig bekleidet, und eine flechtenüberzogene Skulptur rahmen den Blick auf die von einer Balustrade gesäumte Terrasse; ein schönes Beispiel für die zeitlose Eleganz des italienischen Renaissancegartens. Markante architektonische Elemente und Ornamente, gepaart mit weichen, blühenden Pflanzen, prägen diesen Stil. (gegenüber)

Die anmutige Nymphe in der Grotte scheint zum Besuch ihrer feuchten Laube einzuladen, die in die Terrassenmauer integriert und mit Flusskieseln ausgekleidet wurde. (oben rechts)

Sonnenuhren waren in der Renaissance große Mode. Die Form und ausgeklügelte Struktur dieses sphärischen Exemplars spiegeln sich in Bepflanzung und Grundmuster des winzigen, aber sehr reizvollen Innenhofes wider. Durch die Verwendung von Kies in den Flächen zwischen den Knoten wird der Garten etwas pflegeleichter. (rechts)

Der Stoke-Edith-Wandteppich zeigt die wesentlichen Elemente eines abgeschlossenen Renaissancegartens des 16. Jahrhunderts – Terrassen mit Stufen und Ziergeländer, Kieswege, Formschnittgehölze, Statuen und Springbrunnen. Entlang der Backsteinmauern werden Spalierobstbäume gezogen, die mit Lilien unterpflanzt sind. (oben)

Pflanzen für einen Renaissance-Innenhof

1 Steineiche (*Quercus ilex*) **2** Deutsche Schwertlilie (*Iris germanica*) **3** Seidelbast (*Daphne mezereum*) **4** Immergrün (*Vinca minor*) **5** Maiglöckchen (*Convallaria majalis*) **6** Kardone (*Cynara cardunculus*) **7** Christrose (*Helleborus niger*) **8** Heiligenkraut (*Santolina chamaecyparissus*) **9** Türkenbundlilie (*Lilium martagon*) **10** Eberraute (*Artemisia abrotanum*) **11** Blutroter Storchschnabel (*Geranium sanguineum*) **12** Eselsdistel (*Onopordum acanthium*) **13** Walderdbeere (*Fragaria vesca*) **14** Osterglocke (*Narcissus pseudonarcissus*) **15** Johanniskraut (*Hypericum androsaemum*) **16** Salomonssiegel (*Polygonatum odoratum*) **17** Weinraute (*Ruta graveolens*) **18** Kissenprimel (*Primula vulgaris*) **19** Stechpalme (*Ilex aquifolium*) **20** Waldplatterbse (*Lathyrus sylvestris*) **21** Erdbeerbaum (*Arbutus unedo*) **22** Waldstorchschnabel (*Geranium sylvaticum*) **23** Schopflavendel (*Lavandula stoechas*) **24** Gartenthymian (*Thymus vulgaris*) **25** Schnittlauch (*Allium schoenoprasum*) **26** Lorbeerbaum (*Laurus nobilis*) **27** Lungenkraut (*Pulmonaria officinalis*) **28** Rosmarin (*Rosmarinus officinalis*) **29** Chinesische Pfingstrose (*Paeonia lactiflora* 'White Wings') **30** Wermut (*Artemisia absinthium*) **31** Schneeglöckchen (*Galanthus nivalis*) **32** Pfaffenhütchen (*Euonymus europaea*) **33** Gartennelke (*Dianthus caryophyllus*) **34** Schwertlilie (*Iris germanica* 'Florentina') **35** Damaszenerrose (*Rosa x damascena* 'Versicolor') **36** Kriechender Günsel (*Ajuga reptans*) **37** Salbeiblättrige Zistrose (*Cistus salviifolius*) **38** Lilie (*Lilium pyrenaicum*) **39** Echter Lavendel (*Lavandula angustifolia*) **40** Veilchen (*Viola odorata*) **41** Gemeiner Hopfen (*Humulus lupulus*) **42** Buchsbaum (*Buxus sempervirens*) **43** Römische Kamille (*Chamaemelum nobile*) **44** Seerose (*Nymphaea* 'Marliacea Albida') **45** Rose (*Rosa* 'Madame Hardy') **46** Apothekerrose (*Rosa gallica* var. *officinalis*)

zu der Stufen hinabführen. In der Mitte befindet sich ein Mosaik, das ein Labyrinth in der Kathedrale von Chartres darstellt – eine Reminiszenz an die mittelalterlichen Wurzeln des Renaissancegartens. Um das Mosaik herum ist der Knotengarten angelegt, in einem frühen, schlichten Muster.

Die Pflanzung ist traditionell gehalten, beinhaltet jedoch auch vier größere Pflanzen als Blickfang, die für Höhe und räumliche Gliederung sorgen. Eine dezentere Wirkung lässt sich erzielen, indem man pro Beet nur eine Art pflanzt, etwa Nelken oder Weinraute (*Ruta graveolens*). Farbenfroher und moderner ist eine jahreszeitlich abgestimmte Pflanzung, etwa mit Lobelien, Pantoffelblumen, Fleißigen Lieschen oder Salvien.

Ein Knotengarten kann auch als dekorativer Kräutergarten konzipiert werden. Wer den Pflegeaufwand auf ein Minimum reduzieren will, ersetzt die Bepflanzung der einzelnen Innenflächen durch Kies, am besten in unterschiedlichen Farben. Kies bringt schwierige Knotenmuster ganz besonders gut zur Geltung.

Als zusätzlicher Blickfang kann in der Mitte eines jeden Beetviertels eines der typischen Gestaltungselemente der Renaissance stehen: ein Formschnittgehölz, eine Statue, ein Springbrunnen, ein Wappentier, eine Sonnenuhr oder eine kegelförmige Konifere, etwa ein Wacholder (*Juniperus communis* 'Hibernica'). Noch mehr Höhenunterschied schafft ein kleiner Erdhügel, der als Sockel für eine Statue, einen Springbrunnen oder eine Sonnenuhr dienen kann. In einem größeren Innenhof könnte ein Muster aus mehreren Knoten angelegt oder der Knoten umzäunt werden; oder man sieht noch einen Pavillon vor.

Aus Japan

In der japanischen Gartenbaukunst vereinen sich natürliche Gestaltungselemente mit Anmut, Schlichtheit und Schönheit. Steine, Wasser und Pflanzen sind die Grundelemente; sie lassen einen eleganten und doch äußerst pflegeleichten Innenhofgarten entstehen, geeignet für beinah jedes Klima.

Der traditionelle fernöstliche Garten ist vom Vorbild der Natur inspiriert. Bäume sind wesentliche Gestaltungselemente und werden mit höchster Sorgfalt platziert, um den gewünschten Effekt zu erzielen. Häufig gleichen sie lebenden Skulpturen, was dieses großartige japanische Aquarell wunderbar wiedergibt. (ganz oben)

Aus der Kombination natürlicher und künstlicher Materialien entsteht Vielfalt und zugleich Harmonie in diesem einer Landschaft nachgebildeten Innenhof, der deutlich an der traditionellen fernöstlichen Gartenbaukunst orientiert ist. Das Erfolgsgeheimnis des Designs liegt in seiner offenkundigen Zwanglosigkeit, der jedoch ein ausgeklügelter Entwurf zugrunde liegt. (oben)

Im 18. Jahrhundert begann sich die westliche Welt erstmals für die schönen Künste aus Fernost zu begeistern, darunter auch die Gartenbaukunst. Die asiatische Art der Gartengestaltung brach mit dem strikten Formalismus, der damals im Westen vorherrschte. Im 19. Jahrhundert setzte sich der Flirt mit dem Fernen Osten fort, insbesondere als prächtige neue Pflanzen wie Ahorn, Azaleen, Bambus und Magnolien nach und nach im Westen eingeführt wurden. Zu Beginn des 20. Jahrhunderts war das Anlegen japanischer Gärten zu einer beliebten Sitte geworden, die auch heute, in einer Zeit der Suche nach stiller Schönheit und spiritueller Tiefe, wie sie der fernöstlichen Art der Gestaltung eigen ist, großen Anklang findet.

Den religiös-philosophischen Hintergrund der asiatischen Gartenkunst vermögen wohl nur Japaner oder Chinesen vollständig zu erfassen. Uns kann der Osten jedoch zumindest Anregungen geben. Nach der Lehre des Shintoismus, der japanischen Urreligion, steht die Natur auf einer Stufe mit dem Menschen und verdient denselben Respekt. Traditionelle japanische Gärten sind als Huldigung der Natur zu verstehen, als Ausschmückung und Erweiterung der natürlichen Landschaft. Harte, unbewegliche Steine, in Dreier-, Fünfer- oder Siebenergruppen oder in Form eines Gebirges arrangiert, stehen im Gleichgewicht mit dem zweiten Grundelement – flüssigem, reflektierendem Wasser.

Das Prinzip der Gegensätze geht auf das Konzept von Yin und Yang zurück, den zwei elementaren Kräften, auf deren Zusammenspiel gemäß der chinesischen Philosophie die gesamte Schöpfung beruht. Für die Gestaltung eines Innenhofgartens ist dies ein sehr wirkungsvoller Ansatz, denn jede Entwicklung – von Licht zu Schatten, Erhöhung zu Vertiefung, breit zu schmal, Wasser zu Stein – bedeutet kontinuierliche Veränderung und Abwechslung.

Pflanzen werden um ihrer Schönheit und Gestalt willen gezogen, weniger als gärtnerische Neuheit. Sie sind Teil der Rahmengestaltung – Azaleen werden häufig in Form von Felsen geschnitten, Moos bildet einen üppigen Bodendecker, über dem sich Farne erheben. Kleine Obstbäume, Sträucher, Koniferen, Kamelien und Rhododendren bringen noch mehr Höhe, während der elegante Bambus den Himmel zu berühren scheint. Auch Farbe, Duft und Blüten spielen eine wichtige Rolle im Jahresverlauf: Wenn der Frühling in den Sommer übergeht, lösen sich aus dem blühenden Baldachin der Pflaumen-, Pfirsich- und Kirschbäume die Blütenblätter und bilden am Boden einen zarten Teppich. Jetzt kommt die Zeit der duftenden Glyzinen, von Flieder und Frangipani *(Plumeria)*, an die sich das herbstliche Feuerwerk aus buntem Laub und Chrysanthemen anschließt.

Die Harmonie zwischen natürlichen Baustoffen und Pflanzen schafft den geeigneten

Westöstliches: Inmitten der gnadenlosen Architektur eines städtischen Ballungsgebietes ist hier eine wahre Oase der Anmut entstanden. Der weiche, sanft gewellte Teppich entlang des Wasserlaufes besteht aus Mooskraut *(Selaginella)*, einer zarten Pflanze für feuchte Standorte. Die Stufen zum Teepavillon werden von geschickt platzierten Lichtquellen beleuchtet. (rechts)

Rahmen für Zierelemente. Sichtblenden aus Bambus und Heide entziehen bestimmte Bereiche dem Blick und erzeugen eine geheimnisvolle Atmosphäre. Steinbrücken überspannen Teiche und Wasserläufe, und Wildscheuchen steuern Klangeffekte bei. Steinlaternen beleuchten den Weg zum Teepavillon, wo man sich mit Wasser aus einer Steinschale reinigt, bevor man eintritt und die Kunst der Teezubereitung genießt. Japanische Gärten gewinnen noch durch geschickte Beleuchtung, die die architektonische Form zahlreicher Gestaltungselemente und Pflanzen betont und besonders bei Wind bezaubernde Schatten entstehen lässt.

Der folgende Plan eines äußerst pflegeleichten Gartens vereint fernöstliche Elemente in einem harmonischen Gesamtkonzept. Der Pfad, gepflastert mit rot verfugten Bruchsteinen, läuft sinusförmig auf zwei gegeneinander versetzte Bambuswände zu, die den Garten in zwei Bereiche unterteilen. Die zurückhaltende Gestaltung dieser Elemente harmoniert gut mit der Schlichtheit der geharkten Kiesflächen und des Wasserspiels. Der von einer Steinlaterne beleuchtete Pfad verschwindet hinter der Bambuswand aus dem Blick, ein Gestaltungstrick, der den Besucher neugierig weitergehen lässt: Was mag sich auf der anderen Seite befinden?

Hinter der Biegung gelangt man – etwas unerwartet – in einen gänzlich anderen Garten mit deutlich abgeschlossenerer Atmosphäre. Ein geschwungener Pfad aus erhöhten Trittsteinen – ein traditionelles Element –

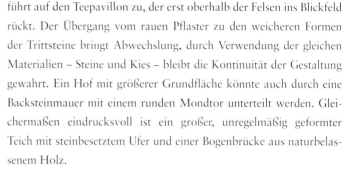

führt auf den Teepavillon zu, der erst oberhalb der Felsen ins Blickfeld rückt. Der Übergang vom rauen Pflaster zu den weicheren Formen der Trittsteine bringt Abwechslung, durch Verwendung der gleichen Materialien – Steine und Kies – bleibt die Kontinuität der Gestaltung gewahrt. Ein Hof mit größerer Grundfläche könnte auch durch eine Backsteinmauer mit einem runden Mondtor unterteilt werden. Gleichermaßen eindrucksvoll ist ein großer, unregelmäßig geformter Teich mit steinbesetztem Ufer und einer Bogenbrücke aus naturbelassenem Holz.

Die Pflanzung ist unkompliziert und elegant gehalten. Natürlich fehlen die „drei Freunde des Winters", Bambus, Kiefer und Kirsche, nicht. Ahorn steuert horizontale Linien bei sowie großartige Laubfärbung, während Bonsais (vor der Hauswand) und die immergrüne Hanfpalme *(Trachycarpus fortunei)* den Eindruck von Dauerhaftigkeit unterstreichen. Nachts erzeugen Kerosinfackeln eine geradezu entrückte Atmosphäre, insbesondere wenn die tanzenden Lichter im hinteren Garten durch die Bambustrennwand hindurch betrachtet werden.

Pflanzen für einen japanischen Innenhof

1 Silberkiefer *(Pinus bungeana)*
2 Fächerahorn *(Acer palmatum*
Dissectum-Atropurpureum-Gruppe*)*
3 Bambus *(Chimonobambusa*
quadrangularis) **4** Fächerahorn
(Acer palmatum 'Dissectum')
5 Bambus *(Phyllostachys nigra)*
6 Hanfpalme *(Trachycarpus fortunei)*
7 Frauenhaarfarn *(Adiantum*
venustum) **8** Brauner Streifenfarn
(Asplenium trichomanes)
9 Königsfarn *(Osmunda regalis)*
10 Schildfarn *(Polystichum setiferum)*

Dramatisch geformte Steine, von
weichem Moos umgeben und nach
einem genauen Plan in einem Bett
aus geharktem Kies angeordnet –
eine ruhige und unkomplizierte
Komposition. Weniger kann oft
mehr sein, selbst auf kleinstem
Raum. (gegenüber oben)

Die kunstlose Schlichtheit dieses
Tores täuscht über seine Bedeutung
hinweg. An sich schon ein augenfäl-
liges Gestaltungselement, unterteilt
es einen ohnehin kleinen Garten,
ohne den Blick zu versperren. Auf
diese Weise bleibt die Geschlossenheit des Entwurfs erhalten. (ganz
links)

Von innen betrachtet bildet der winzige Innenhof einen integralen Bestandteil des Hauses. Das Beispiel
zeigt, dass auch auf kleinstem
Raum ein japanischer Innenhof entstehen kann, sofern bei der Auswahl
von Pflanzen und Materialien auf die
richtigen Größenverhältnisse geachtet wird. (links)

Aus der Kolonialzeit

Der Pioniergeist, mit dem sich die Auswanderer in der Neuen Welt ein neues Leben aufbauten, erschuf auch elegante Gärten. Mit ihrer Zweckmäßigkeit, Attraktivität und Wandlungsfähigkeit passen diese formal und symmetrisch gestalteten Südstaatengärten bestens in die heutige Zeit.

Im Jahre 1776 erklärten die britischen Kolonien in Nordamerika ihre Unabhängigkeit; im Verlauf der folgenden hundert Jahre festigte sich der zunächst lockere Staatenbund zu den Vereinigten Staaten von Amerika. Von der Pionierstimmung der Kolonialzeit ist noch heute etwas spürbar in den Gärten, die von unerschrockenen Siedlern in der Neuen Welt angelegt wurden: Sie sind eine anrührende Mischung aus Heimaterinnerung und spürbarer Entdeckerfreude. Die bekanntesten Innenhöfe aus der Kolonialzeit befinden sich in Williamsburg, Virginia, wo der historische Stadtkern aus dem 18. Jahrhundert restauriert wurde und der Leistung der frühen Siedler ein Denkmal setzt. Der Gartenstil, der sich zu jener Zeit etablierte, präsentiert sich dem heutigen Gärtner als eine perfekte Verbindung von Schönheit und Nutzeffekt.

Der letzte Schrei im England des 18. Jahrhunderts waren die von „Capability" Brown[1] (s. S. 160) propagierten Landschaftsgärten mit ihren überwältigenden Ausblicken, die das Vorbild der Natur noch übertrafen. Im Gegensatz dazu präsentierten sich die Gärten der amerikanischen Kolonien eher intim und formal. Hier war die Natur gezähmt, beschnitten und säuberlich in Ordnung gehalten. Mit ihrem oft quadratischen oder rechteckigen Grundriss und umfriedet mit einer Hecke oder einem weißen Lattenzaun erinnerten sie an englische und holländische Gärten des 17. Jahrhunderts. Eine Holzveranda mit weißem Geländer bot einen geschützten Sitzplatz. Stufen führten hinunter in den Ziergarten, wo Wege aus Ziegeln oder Kies geometrisch geformte und symmetrisch angeordnete Beete trennten, die gewöhnlich mit niedrigen Buchshecken *(Buxus sempervirens* oder die Zwergform *B. s.* 'Suffruticosa') eingefasst waren. Buchsgesäumte Beete fanden sich auch entlang der Grundstücksgrenzen. Häufig zog man hier, in einigem Abstand zum Zaun, niedrige Apfelspaliere.

Die Bepflanzung mit ihrer Mischung aus amerikanischen und eingeführten europäischen Arten nahm der Regelmäßigkeit der Anlage ein wenig die Strenge. Im Frühling boten Beete und Rabatten ein buntes Blumenmeer aus Zwiebel- und Knollengewächsen wie Hyazinthen, Krokussen, Tulpen, Narzissen, Kronenanemonen *(Anemone coronaria)*, Traubenhyazinthen *(Muscari comosum)* und Blausternchen *(Scilla siberica)*. Im Sommer folgten Nelken *(Dianthus)*, *Consolida*, Stockrosen, Fingerhut und Rosen – allesamt aus England eingeführt – neben amerikanischen Kokardenblumen *(Gaillardia)*, Mädchenaugen *(Coreopsis)* und Phlox. Diese zwanglosen Pflanzungen und die Verwendung von viel Holz, Ziegeln in dezenten Tönen und geschnittenen immergrünen Pflanzen ließen eine rustikale, heimelige Atmosphäre entstehen, in der sparsam eingesetzte Dekorationen wie formgeschnittene Immergrüne besonders wirkungsvoll hervortraten.

Die Gartengebäude waren funktional: Der gemauerte Brunnen, der das Wasser für den Haushalt lieferte, wurde durch ein Dach aus Holzschindeln geschützt, während die Toilette in einem kleinen, weiß gestrichenen Holzschuppen versteckt war. In einem modernen Garten im Kolonialstil sind solche Einrichtungen natürlich überflüs-

sig, doch sie lassen sich heutigen Bedürfnissen anpassen: Aus dem Toilettenhäuschen könnte ein Schuppen oder ein Arbeitszimmer im Garten werden, oder man ersetzt es durch ein Gewächshaus. Der Brunnen kann, sofern er nicht als Erinnerungsstück erhalten bleiben soll, einer anderen Antiquität Platz machen oder einer modernen Skulptur, die dem Garten eine zeitgemäße Note verleiht.

Der traditionelle Latten- oder Staketenzaun bietet nicht unbedingt die Abgeschlossenheit, die wir heute schätzen. Einen Kompromiss stellen Zäune aus dicht gesetzten Zierpfosten dar, wie sie in der Kolonialzeit ebenfalls anzutreffen waren. Vollständigen Sichtschutz bietet jedoch nur ein 1,80 m hoher, dichter Palisadenzaun: Er schirmt den Garten vor neugierigen Blicken ab und lässt dennoch Kolonial-Atmosphäre aufkommen.

Duftender Lavendel gibt das Geleit durch den Garten zur Haustür. Blattwerk und Blütenfarbe bilden einen schönen Gegensatz zu den Ziegelsteinen, einem traditionellen Pflastermaterial, das hier im Fischgrätmuster verlegt ist. (oben)

Ein Gemälde aus dem 18. Jahrhundert zeigt einen niedrigen, weiß gestrichenen Staketenzaun mit Tor, eine für die amerikanischen Kolonien typische Art der Einfriedung. Ebenfalls sehr beliebt waren Veranden mit Blick über den Garten. (links)

Geometrie und Symmetrie zählen zu den Hauptmerkmalen eines Gartens im Kolonialstil. Auch auf begrenztem Raum ist diese Art der Gestaltung möglich, insbesondere wenn buchsgefasste Beete mit farbenfrohen Blumen bepflanzt werden. (gegenüber)

Der Plan zeigt den Garten von einer traditionellen, erhöhten Holzveranda aus gesehen. Denkbar wäre auch ein Holzdeck mit einer Markise als Sonnenschutz. Eine Hollywoodschaukel aus Holz würde gut hierher passen. Die Wege sind mit Ziegeln gepflastert, die im Läuferverband verlegt wurden. Um den Pflegeaufwand zu verringern, werden die Beete nicht von Buchshecken eingefasst, sondern von Ziegeln, hochkant in einem Winkel von 45° in den Boden gesetzt, sodass eine gezackte Kante entsteht. Das frühere Toilettenhaus wurde zum Schuppen umfunktioniert, und an die Stelle des Brunnens ist eine Sitzgelegenheit getreten, von der aus der gesamte Garten bis zum Haus überblickt werden kann.

Pflanzen werden hier auch als Gestaltungselemente eingesetzt. Im mittleren Beet steht ein wunderbarer Geweihbaum *(Gymnocladus dioicus)*, die vier umgebenden Beete wurden mit je einem kugelförmig geschnittenen Buchs bestückt. Diese könnten durch kunstvolle hölzerne Rankgerüste ersetzt werden, die man mit

Kletterpflanzen wie dem frostempfindlichen *Gelsemium sempervirens* oder der Sternhortensie *(Decumaria barbara)* begrünt. Wie es die Tradition verlangt, besteht die Bepflanzung aus einer Artenkombination, die dem Garten zum einen ganzjährig ein festes Gerüst gibt, zum anderen zu jeder Jahreszeit für Blütenpracht sorgt. Die Farbpalette der verschiedenen Beete reicht von Weiß- und Blau- über Gelb- bis zu Rosa- und Rottönen. Ebenso könnten ausschließlich nordamerikanische Arten für die Beetbepflanzung verwendet werden. Zudem waren die Siedler Selbstversorger, ein Innenhof im Kolonialstil könnte also durchaus mehr Obst und sogar Gemüse enthalten.

Dieser dekorative Durchgang dient zugleich als Kletterbogen für Pflanzen. Gestaltungselemente mit zwei oder mehr Funktionen sind besonders raffiniert. (rechts)

So eine schattige Veranda ist ein friedlicher und geschützter Ort, an dem man gerne Gäste empfängt. (rechts unten)

Das zentrale Wasserspiel, die Aufteilung der Pflanzfläche in vier Beete und die gefliesten Böden erinnern an islamische Gärten. (unten)

Pflanzen für einen Innenhof im amerikanischen Kolonialstil

1 Apfel (*Malus domestica*) **2** Schafgarbe (*Achillea millefolium*) **3** Berglorbeer (*Kalmia latifolia*) **4** Haselwurz (*Asarum canadense*) **5** Gartennelke (*Dianthus caryophyllus*) **6** Trompetenblume (*Campsis radicans*) **7** Rose (*Rosa virginiana*) **8** Kletterhortensie (*Hydrangea anomala* ssp. *petiolaris*) **9** Wermut (*Artemisia absinthium*) **10** Glyzine (*Wisteria frutescens*) **11** Stechpalme (*Ilex verticillata*) **12** Chinesische Pfingstrose (*Paeonia lactiflora* 'White Wings') **13** Chinesische Zierquitte (*Choenomeles speciosa*) **14** Zaubernuss (*Hamamelis virginiana*) **15** Halimium 'Susan' **16** Brennende Liebe (*Lychnis chalcedonica*) **17** Diptam (*Dictamnus albus*), rosa **18** Buchsbaum (*Buxus sempervirens*) **19** Lupine (*Lupinus perennis*) **20** Akelei (*Aquilegia canadensis*) **21** Kriechender Günsel (*Ajuga reptans*) **22** Schwertlilie (*Iris pallida*) **23** Dreimasterblume (*Tradescantia virginiana*) **24** Katzenminze (*Nepeta nervosa*) **25** Diptam (*Dictamnus albus*), weiß **26** Ähriger Ehrenpreis (*Veronica spicata*) **27** Phlox (*Phlox divaricata*) **28** Indianernessel (*Monarda* 'Croftway Pink') **29** *Stokesia laevis* (weiß) **30** Fuchsbohne (*Thermopsis caroliniana*) **31** Sumpfschwertlilie (*Iris pseudacorus*) **32** Geweihbaum (*Gymnocladus dioicus*) **33** Dichternarzisse (*Narcissus poeticus*) **34** Kronenanemone (*Anemone coronaria*) **35** Krokus (*Crocus vernus*) **36** Kaiserkrone (*Fritillaria imperialis*)

Arts and Crafts

Das frühe 20. Jahrhundert gilt mit Recht als die Entstehungszeit eleganter und idyllischer Gärten. Diese waren üppigst bepflanzt und enthielten zahlreiche interessante Elemente, die zu einem Zeitdokument mit vielerlei Themen verschmolzen. Doch auch für Innenhofgärten des beginnenden 21. Jahrhunderts ist der Arts-and-Crafts-Stil wie geschaffen.

Mit den Gärten von Gertrude Jekyll und Sir Edwin Lutyens kündigte sich ein völlig neuer Gestaltungsstil an: Architektonischer Rahmen und Bepflanzung standen in völligem Einklang, und bei der praktischen Ausführung wurde stets auf handwerkliches Können, heimische Baustoffe und traditionelle Arbeitsweisen gesetzt. Das Konzept dieser so genannten Arts-and-Crafts-Gärten fand großen Anklang und wurde in Amerika etwa von Beatrix Farrand umgesetzt, bekannt durch ihre Entwürfe für Dumbarton Oaks, in Australien von Edna Walling.

Solche Gärten galten als der Inbegriff lässiger Eleganz, die durch den raffinierten Einsatz geometrischer Asymmetrie erzielt wurde. Eine Reihe von Gartenräumen, abgeteilt durch hohe Hecken oder Mauern, wurde durch Bögen, Ziegelpfade, Wasserläufe und Rasenflächen, Stufen und Pergolen locker verbunden. Jeder Raum wies eigene Züge auf, basierend auf Elementen wie Terrassen, Niveauunterschieden, Seerosenteichen, Rosengärten, Trockenmauern, Pavillons, Sitzgelegenheiten oder Krocket- und Tennisplätzen. Diese Einrichtungen, die den Einzelcharakter erhalten und gleichzeitig ein einheitliches Ganzes entstehen lassen sollten, verliehen dem Arts-and-Crafts-Garten seine Identität.

Auf Gertrude Jekyll geht die Idee zurück, mit Pflanzen zu „malen" – aus den Pflanzen eines Beetes ein Gesamtbild mit genau kalkulierter Farbwirkung zu komponieren, in dem sich die individuelle Schönheit der einzelnen Exemplare entfalten kann. Im Gegensatz zu ihren viktorianischen Vorgängern mit ihrer Vorliebe für Wechselpflanzungen bevorzugten die Arts-and-Crafts-Gärtner winterharte Pflanzen (frostempfindliche Gewächse wurden allerdings geduldet, um saisonale Glanzlichter zu setzen). Bei den frostharten Pflanzen musste es sich jedoch nicht zwingend um heimische Arten handeln. Miss Jekyll und ihre Schüler verwendeten sogar mit großer Begeisterung Pflanzen, die die so genannten „Pflanzenjäger" – Abenteurer und Botaniker zugleich – auf ihren Expeditionen rund um den Erdball entdeckt hatten. So brachten etwa George Forrest, Ernest Wilson und Frank Kingdon-

Ein Farbenmeer, aus dicht an dicht gesetzten Stauden komponiert, mildert die Härte und Strenge des architektonischen Rahmens, während der steinerne Bogen den Blick in den dahinter liegenden Garten einrahmt. (oben)

Ein schmiedeeisernes Tor als Blickfang und räumlich gliederndes Gestaltungselement zugleich. Die dichte Bepflanzung zeigt, welch erstaunliche Effekte bei sorgfältiger Zusammenstellung von Form, Farbe und Textur möglich sind. (gegenüber, ganz links)

Dieses Gemälde von Gertrude Jekylls Garten Munstead Wood bei Godalming, England, zeigt, wie sie Pflanzen zum „Malen" von Gartenbildern einsetzte. Miss Jekyll legte besonderes Augenmerk auf Details, insbesondere bei der Zusammenstellung von Blattwerk- und Blütenfarben in Beeten und Rabatten. (gegenüber links)

Ward um die Wende vom 19. zum 20. Jahrhundert diverse botanische Schätze aus dem westlichen China nach England. Zwiebelgewächse wie die Königslilie *(Lilium regale)*, Gehölze wie Schneeball *(Viburnum)*, Kamelien, Taubenbaum *(Davidia involucrata)* und Rhododendren, Stauden wie *Primula burmanica* und Kletterpflanzen wie *Clematis armandii* und, natürlich, Jungfernrebe *(Parthenocissus tricuspidata)* ließen den Arts-and-Crafts-Garten leuchten und brachten einen Hauch von Exotik. Staudenrabatten, Steingärten, Gebüsch oder Pflanzungen von Einjährigen glichen immer einem bunten Blütenmeer, dessen scheinbare Kunstlosigkeit über die äußerst exakte Planung hinwegtäuschte.

Kunstvolle Pflanzungen, eine Vielzahl von Gestaltungselementen und unterschiedliche Möglichkeiten, diese zu kombinieren, machen den Arts-and-Crafts-Garten zu einem wahren Quell der Inspiration für die Gestaltung eines Innenhofes. Es darf jedoch nicht außer Acht gelassen werden, dass es sich stets um Entwürfe für große Landsitze handelte, die nicht einfach auf die begrenzten Verhältnisse eines Innenhofes übertragbar sind. Oft ist es hilfreich, zunächst eine Liste der gewünschten Elemente aufzustellen und diese anschließend realistisch auf die vorhandenen Möglichkeiten abzustimmen. Mit etwas Geschick lässt sich auf kleinem Raum erstaunlich viel unterbringen, ohne dass auf jegliche Großzügigkeit verzichtet werden muss. Manche Gestaltungselemente sind auch in kleinerer Ausführung noch sehr wirkungsvoll, andere dagegen nicht unbedingt. Ein gekonnt

Pflanzen, die sich über den Rand eines gewundenen Pfades „ergießen", lassen eine wunderbar friedliche Cottage-Garten-Stimmung entstehen. Die bevorzugte Verwendung altmodischer Pflanzen und heimischer Baustoffe, die Handwerker in traditioneller Weise verarbeiteten, zählte zu den Grundprinzipien der Arts-and-Crafts-Bewegung. (oben)

Hübsche kleine Gartengebäude gehörten zu den beliebten, rahmenbildenden Dreingaben im Arts-and-Crafts-Garten, wie auch Pergolen, abgesenkte Seerosenteiche, Steingärten und Steinwege. (unten)

angelegter Steingarten von nur wenigen Quadratmetern kann so eindrucksvoll sein wie ein ganzer Hang; eine ähnlich kleine gemischte Staudenrabatte wird allerdings niemanden wirklich überzeugen.

Der Plan zeigt einen zentralen Senkgarten mit Seerosenteich und Springbrunnen, der von Trockenmauern eingerahmt und durch hohe Eibenhecken von den Rabatten getrennt ist. Ein Netzwerk von Wegen bietet Zugang zum Teich und sämtlichen Bereichen des Gartens, auch zur Pergola und dem Pavillon.

Wenn der statische Rahmen feststeht, ist die Bepflanzung an der Reihe. Wie bei einem Arts-and-Crafts-Garten zu erwarten, sind die Beete bestimmten Jahreszeiten zugeordnet – ein Frühjahrsbeet, eine sommerliche Staudenrabatte und ein herbstliches Beet mit Sträuchern. Man sollte versuchen, mithilfe der Pflanzen ein „Gemälde" zu entwerfen, indem man die Farbtöne bewusst koordiniert – ganz im Sinne Gertrude Jekylls. Das ist zugegebenermaßen schwieriger, als es klingt, denn neben der Blütenfarbe müssen auch die Blütezeit, die Höhe der Pflanzen und Farbe und Form des Laubs berücksichtigt werden. Zudem will überlegt sein, wie jede Pflanze mit ihren unmittelbaren Nachbarn harmoniert und welche Rolle sie im Gesamtbild spielt.

Übung macht auch hier den Meister; es ist jedoch hilfreich zu wissen, dass Miss Jekyll immer in zwanglosen, kühn geschwungenen Gruppen pflanzte. Auf kleinen Pflanzflächen verwendete sie pro Beet häufig nur ein bis zwei Farben. Bei langen Staudenrabatten begann sie oft mit kühlen Farben (Blau-, Malven- und Weißtöne), steigerte sich zur Beetmitte hin zu einem Crescendo aus warmen Tönen (Rot-, Orange- und Gelbschattierungen) und ging zum anderen Ende hin allmählich wieder zu kühleren Nuancen über.

Pflanzen für einen Arts-and-Crafts-Innenhof

1 Jungfernrebe (*Parthenocissus tricuspidata*) **2** Rose (*Rosa* 'Gloire de Dijon') **3** Waldrebe (*Clematis* 'Nellie Moser') **4** Rebe (*Vitis coignetiae*) **5** Glyzine (*Wisteria sinensis* 'Alba') **6** Echter Jasmin (*Jasminum officinale*) **7** Waldrebe (*Clematis montana* 'Elizabeth') **8** Christrose (*Helleborus niger*) **9** Kissenprimel (*Primula vulgaris*) **10** Narzisse (*Narcissus* 'Tête-à-tête') **11** *Erythronium americanum* **12** Krokus (*Crocus tommasinianus*) **13** Narzisse (*Narcissus* 'Cheerfulness') **14** Schneeglanz (*Chionodoxa forbesii* 'Pink Giant') **15** Hundszahn (*Erythronium dens-canis*) **16** Frühlingslichtblume (*Bulbocodium vernum*) **17** Tulpe (*Tulipa saxatilis*) **18** *Erythronium californicum* **19** *Fritillaria pallidiflora* **20** Madonnenlilie (*Lilium candidum*) **21** Schachbrettblume (*Fritillaria meleagris*) **22** Eibe (*Taxus baccata*) **23** Nelke (*Dianthus* 'Musgrave's Pink') **24** *Lewisia rediviva* **25** Sonnenröschen (*Helianthemum apenninum*) **26** Keilblättriger Steinbrech (*Saxifraga cuneifolia*) **27** Blaue Mauritius (*Convolvulus sabatius*) **28** Pfingstnelke (*Dianthus gratianopolitanus*) **29** Steinbrech (*Saxifraga sempervivum*) **30** Goldlack (*Cheiranthus cheiri*) **31** Blaukissen (*Aubrieta* 'Purple Cascade') **32** Seerose (*Nymphaea* 'American Star') **33** Seerose (*Nymphaea* 'Marliacea Albida') **34** *Allium christophii* **35** Pfirsichblättrige Glockenblume (*Campanula persicifolia*) **36** Mannstreu (*Eryngium bourgatii*) **37** Katzenminze (*Nepeta nervosa*) **38** Schleierkraut (*Gypsophila paniculata* 'Bristol Fairy') **39** Montbretie (*Crocosmia x crocosmiiflora* 'George Davison') **40** Fackellilie (*Kniphofia* 'Erecta') **41** Lilie (*Lilium pumilum*)

42 Taglilie *(Hemerocallis lilioasphodelus)* **43** Rittersporn *(Delphinium* 'Butterball'*)* **44** Lilie *(Lilium* 'Connecticut King'*)* **45** Blutroter Storchschnabel *(Geranium sanguineum)* **46** Kapmargerite *(Osteospermum* 'Whirligig'*)* **47** Yucca *(Yucca gloriosa)* **48** Zeitlose *(Colchicum* 'Waterlily'*)* **49** Federbuschstrauch *(Fothergilla major)* **50** Schneeball *(Viburnum* x *bodnantense* 'Dawn'*)* **51** *Rhododendron yakushimanum* 'Bambi' **52** *Nerine bowdenii* 'Wellsii' **53** Mahonie *(Mahonia japonica)* **54** Efeublättriges Alpenveilchen *(Cyclamen hederifolium)* **55** Perückenstrauch *(Cotinus coggygria* 'Notcutt's Variety'*)* **56** Zierkirsche *(Prunus subhirtella* 'Autumnalis'*)*

Aus Lateinamerika

Das spanische Wort patio *bedeutet Innenhof. Typische Kennzeichen des lateinamerikanischen* patio *sind seine klaren, kühnen Linien und der verschwenderische Umgang mit leuchtenden Farben und auffallenden Pflanzen, eine Kombination, die ein spannendes Ergebnis garantiert.*

Wie Samen verbreiten sich auch neue Ideen in alle Welt, und wo sie in fruchtbare Erde fallen, keimen und gedeihen sie. Und wie die Pflanzen, die aus den Samen entstehen, eigenen Charakter zeigen, so entwickeln sich in anderen Ländern auch andere Gartenstile. Der lateinamerikanische *patio* veranschaulicht dies: Nach der Niederlage der Azteken im Jahre 1521 wurde Mexiko spanische Kolonie. Kein Wunder also, dass lateinamerikanische Gärten unverkennbar spanische Züge tragen. Die spanischen Gärten waren jedoch von der islamischen Kultur der nordafrikanischen Mauren beeinflusst, die Spanien im 7. Jahrhundert erobert hatten. Und diese wiederum war von den großartigen Gärten Persiens inspiriert. Die Wurzeln des lateinamerikanischen Innenhofes reichen somit über 1300 Jahre und zwei Kontinente zurück.

Das Grundmuster des lateinamerikanischen Innenhofes lässt Spuren seines uralten Erbes erkennen: Häufig ist er ringsum von Wohnbereichen umgeben, und ein Wasserbecken oder Springbrunnen fehlt nie. Dennoch besitzt der *patio* einen eigenen Charakter, geprägt von einem Fiesta-Lebensstil, in dem Freiflächen zum Großteil dem Leben und Speisen im Freien vorbehalten sind.

Kühne Schlichtheit lautet die Devise bei der Gestaltung eines Innenhofes mit lateinamerikanischem Flair. Die Grundstruktur ist stets einfach, bei der Ausstattung ist hingegen alles erlaubt, was Spaß macht. Baustoffe und Bodenbeläge können in vielfacher Weise kombiniert werden. Für das Mauerwerk bieten sich Terrakotta- oder Keramikfliesen an, Adobe oder Beton, Ziegel, Mosaike oder Stein. Was auch verwendet wird, es sollte auf jeden Fall in einer kräftigen, leuchtenden Farbe gehalten sein. Neben Mauern und Böden zählen ein erhöhtes Wasserbecken oder ein Springbrunnen zu den essenziellen Elementen. Sie stehen häufig in der Mitte des Innenhofes und besitzen einen breiten Rand zum Sitzen oder für Kübelpflanzen. Oft sind sie einfach gestrichen, sie können aber auch mit Mosaiken, Fliesen oder Muscheln verziert sein. Als weitere Dekorationsobjekte eignen sich sehr gut Kunstwerke aus vorspanischer Zeit: Skulpturen, Schnitzarbeiten, Wandmalereien oder

Die grelle Hauswand markiert die Umrisse des Innenhofes, der durch mehrere Ebenen und viele waagerechte und senkrechte Linien geprägt ist. (links)

Kühne Pflanzungen sind ein Merkmal lateinamerikanischen Designs, wie auch das Gemälde *Der Innenhof* (1988) von Fernando Botero illustriert. (rechts)

Hochbeete zählen zu den typischen Ausstattungselementen lateinamerikanischer Innenhöfe, ebenso wie Terrakottafliesen. (rechts Mitte)

In diesem abgesenkten Innenhof wird die Strenge gerader Linien durch geschickte Platzierung von Gegenständen mit runden Formen noch betont. (rechts unten)

Mosaike. Sie können als Blickfang im Hof aufgestellt sein oder die Wände schmücken.

Beete und Rabatten besitzen geometrische Formen – oval, kreisförmig, quadratisch oder rechteckig – und müssen groß genug für eine kühne Pflanzung sein. Sie werden in der Mitte des Hofes sowie am Rand angelegt; ein bestimmter Stil ist nicht vorgeschrieben, aber auch hier sind schlichte Lösungen häufig die besten. Ebenerdige Beete können mit weiß gestrichenen Steinen, farbigen Ziegeln oder einer niedrigen Buchshecke eingefasst werden, es geht aber auch ganz ohne Rand. Hochbeete, aus Stein oder Ziegeln errichtet, bieten eine zusätzliche Ebene, aber auch eine Sitzmöglichkeit und Platz für Töpfe. In den Beeten sollten vor allem Arten mit ausgeprägten Blattformen und farbenfrohen Blüten zu finden sein. Der umseitige Plan enthält, passend zum Thema dieses Kapitels, durchweg Pflanzen warmer Klimazonen. In kühleren Regionen bieten sich robustere Arten mit ähnlicher Wirkung an und/oder Kübelpflanzen. Als Schattenspender sollten immergrüne Bäume nicht fehlen; hier etwa Banyanbaum *(Ficus benghalensis)* und *Magnolia grandiflora.* Wer es etwas bunter mag, streicht ihre Stämme passend zu Mauern oder Böden an. Steinmauern lassen sich wunderbar mit Bougainvilleen aufhellen, die in zahlreichen leuchtenden Farben erhältlich sind.

Pflanzen für einen lateinamerikanischen Innenhof

1 *Vanda dearei* **2** Echter Lavendel
(*Lavandula angustifolia*) **3** Gartenthymian *(Thymus vulgaris)* **4** Schnittlauch *(Allium schoenoprasum)*
5 Basilikum *(Ocimum basilicum)*
6 Dill *(Anethum graveolens)*
7 Oleander *(Nerium oleander*
'Hawaii') **8** Zitrone *(Citrus limon)*
9 Magnolie *(Magnolia grandiflora)*
10 Zierbanane *(Ensete ventricosum)*
11 Mangobaum *(Mangifera indica)*
12 Frangipani *(Plumeria obtusa)*
13 *Dracaena marginata*
14 Chinesische Fächerpalme
(Livistona chinensis) **15** Eibisch
(Hibiscus schizopetalus), rot
16 Kroton *(Codiaeum variegatum*
var. *pictum)*, rot **17** Strohblume
(Helichrysum bracteatum)
18 Agave *(Agave americana*
'Variegata') **19** Korallenstrauch
(Erythrina crista-galli) **20** Indisches
Blumenrohr *(Canna indica)*, rot
21 Flamingoblume *(Anthurium*
andraeanum), rot **22** *Telopea*
speciosissima **23** Kapuzinerkresse
(Tropaeolum majus), verschiedene
Farben **24** Banyanbaum *(Ficus*
benghalensis) **25** Schmucklilie
(Agapanthus Headbourne-Hybriden)
26 Heliotrop *(Heliotropium*
arborescens) **27** Indischer Bleiwurz
(Plumbago indica) **28** Bougainvillea
(Bougainvillea 'Barbara Karst')
29 *Pseudowintera axillaris*
30 *Pachycereus marginatus*
31 Kroton *(Codiaeum variegatum*
var. *pictum)*, gelb **32** Eibisch
(Hibiscus schizopetalus), gelb
33 Taglilie *(Hemerocallis*
lilioasphodelus) **34** Bogenhanf
(Sansevieria trifasciata) **35** Bambus
(Fargesia nitida) **36** Yucca *(Yucca*
gloriosa) **37** Allamande *(Allamanda*
'Golden Sprite') **38** Strelitzie *(Strelitzia*
reginae) **39** Töpfe mit Ablegern
verschiedener Pflanzen aus den
Hauptbeeten

Der Plan greift die Lebhaftigkeit und das traditionelle Design des *patio* auf, fügt jedoch eine moderne Note hinzu. Die Farbgebung konzentriert sich auf die Primärfarben – Gelb, Rot und Blau (und das Grün der Pflanzen). Der Betonboden ist leuchtend terrakottarot gestrichen; Türrahmen und verputzte Mauern erhielten bis in einer Höhe von 45 cm eine dazu passende Farbe, darüber erstrahlen sie in Indigoblau. Um die ruhige Atmosphäre zu erhalten und Überfüllung zu vermeiden, sind die Seitenmauern bis auf Lampenbefestigungen und Topfhalter aus Metall kahl – der perfekte Hintergrund für das glänzende, dunkelgrüne Laub und die leuchtenden Blüten.

Die Sitzgruppe am Haus wird von vier Bäumen beschattet. Den Übergang zum dekorativeren Teil des Gartens markiert ein Mosaik, das die Nazca-Spinne[2] (s. S. 160) darstellt. Als weitere Zierobjekte finden sich Statuen sowie Orchideen, die in einem Baumstumpf angesiedelt wurden. Die Hochbeete dienen zugleich als Sitzgelegenheiten und sind als Kontrast zu Böden und Mauern in Rot-, Orange- und Gelbtönen bepflanzt. Mit ihrer geschwungenen Form rahmen die Beete das frei stehende Wasserbecken ein, das mit blauen und weißen Fliesen ausgekleidet ist. Eine purpurrote Bougainvillea schmückt die rückwärtige Mauer; sie bildet den Hintergrund für den Springbrunnen und markiert gleichzeitig das Ende des Gartens.

Das zwanglose Arrangement der Pflanzen im Garten der mexikanischen Künstlerin Frida Kahlo wird von architektonischen Pflanzen bestimmt und umfasst unter anderem Mais. Im Garten finden sich auch zahlreiche ethnische Skulpturen aus der Zeit vor den spanischen Eroberungen. (oben)

Eine sattrote Mauer als Hintergrund für ein schwarzes Pferd – ein temporäres Gesamtkunstwerk. (rechts oben)

Im Garten von Frida Kahlo schafft die Primärfarbe Blau den expressiven Rahmen für eine Reihe exotischer Blütenpflanzen. (rechts unten)

Aus der Moderne

Expressivität, Selbstdarstellung – das ist das Thema des Innenhofes im Stil der Moderne, einem Stil, der befreien und Raum für Experimente schaffen will. Gleichzeitig sollte das berühmte Diktum der Moderne nicht außer Acht gelassen werden: form follows function; *ein Innenhof sollte stets sowohl ein Zimmer im Freien als auch ein Ort für Pflanzen sein.*

Ein klassisches Beispiel für die Prinzipien der Moderne: Ein einzelner Baum bietet sowohl einen Blickpunkt mit architektonischem Charakter als auch Schatten. Die Pergola leitet von einem Gartenbereich zum nächsten über; Wasser ist in Form eines Schwimmbeckens vorhanden. Das lebhaft grüne Gras bildet in Farbe wie Beschaffenheit einen Kontrast zu den leuchtend roten Ziegelböden. (oben)

Dieser Prototyp der Moderne wurde in den Zwanzigerjahren von Gabriel Guurekian im französischen Hyères geschaffen. Den Beeten kommt für sich genommen bereits der Charakter von Skulpturen zu. Wechselpflanzungen erhöhen den Reiz des Designs noch und schaffen Abwechslung. (rechts)

Minimalistisches Design kann einen Innenhof in einen Ort der Ruhe verwandeln. Die Verwendung von Stein und Kies bringt eine an den Zen-Buddhismus erinnernde Qualität ein, während der islamisch beeinflusste Springbrunnen sein beruhigendes Geräusch beisteuert und der Komposition Höhe und auch einen Blickfang gibt. (gegenüber rechts)

Als Moderne wird die radikale Form künstlerischen Ausdrucks bezeichnet, die in den ersten Jahrzehnten des 20. Jahrhunderts sämtliche Kunstformen von Grund auf umwälzte und deren erklärte Absicht es war, Reaktionen zu provozieren. Ob Gemälde von Picasso, Romane von Kafka, Skulpturen von Moore oder Gebäude von Le Corbusier – sie alle erschütterten die anerkannten Glaubenssätze des guten Geschmacks und leiteten einen tief greifenden Bruch mit der Vergangenheit ein. In der Gartengestaltung fand dieser Stil erst etwas später, in der *Brave New World* der Zeit nach 1945, zur Reife.

Indem sie das Prinzip der Moderne – dass die Form eines Produktes durch seine Funktion oder Verwendung bestimmt sein sollte – konsequent anwandten, veränderten inspirierte Gartengestalter wie Thomas Church und James Rose in Nordamerika, Roberto Burle-Marx in Brasilien oder Sir Geoffrey Jellicoe und etwas später auch John Brookes in Großbritannien das Bild des Gartens. Dieser war nun nicht länger ein eher passiver Ort, an dem Pflanzen kultiviert und bewundert wurden, sondern wurde mehr und mehr zu einem dynamischen Lebensraum, zum „Zimmer im Freien", das für Geselligkeiten, zum Schwimmen und Wäschetrocknen diente. Der Innenhof der Moderne wurde zum Labor für Experimente mit neuen Materialien wie Eisenbeton, Betonplatten, Stahl und Glas. Pflanzen mit markanten Formen – Funkien, Lauch *(Allium)*, Keulenlilie *(Cordyline)* und Neuseeländer Flachs – etablierten sich als fester Bestandteil des architektonischen Rahmens.

Bei der Gestaltung eines Innenhofes im Stil der Moderne sollten die Möglichkeiten neuer Baumaterialien voll ausgeschöpft und ungewöhnliche Formen und Farben span-

Pflanzen für einen Innenhof im Stil der Moderne

1 Fächerahorn *(Acer palmatum 'Dissectum')* **2** Schopflavendel *(Lavandula stoechas)* **3** Korken-zieherhasel *(Corylus avellana 'Contorta')* **4** Bambus *(Pleioblastus variegatus)* **5** Kamelie *(Camellia sasanqua)* **6** Steife Segge *(Carex elata 'Aurea')* **7** Bergkiefer *(Pinus mugo)* **8** Wiesenhafer *(Helictotrichon sempervirens)* **9** Schlangenbart *(Ophiopogon planiscapus 'Nigrescens')* **10** Blauschwingel *(Festuca glauca)* **11** *Hakonechloa macra 'Aureola'*

Reinheit der Form entsteht hier durch die Rahmengestaltung, die auf eine Kombination tradi-tioneller und neuer Materialien setzt. Der ruhige, interessante Raum wird von der Bepflanzung belebt, die auch architektoni-sche Exemplare wirkungsvoll einsetzt – Skulpturen eigener Art. (gegenüber oben)

Der Entwurf von John Brookes für einen Garten in der Nähe Londons entstand in seiner linearen Phase und war von den Gemälden des modernen Künstlers Piet Mondrian inspi-riert. Gras, Wasser, Böden und Beete wurden auf diese Weise zu Teilen eines Gemäldes. (gegenüber rechts)

Die Wasserzone unterteilt den Garten. Wasser fließt gewöhnlich in eine Richtung, hier strömt es aus zwei Wasserspeiern zu beiden Seiten des Gartens und verschwindet in einem Reservoir unterhalb des Trittsteins, sodass der Eindruck entsteht, als befände sich dieser im Zentrum eines Strudels. Am Haus fließt das Wasser ebenfalls eine Art Rampe hinab – eine moderne Deutung des *chagar*, eines Gestaltungselementes aus der Zeit der indischen Moguln. Die Oberfläche der Rampe steigt schuppenartig an, was eine Reihe von Nischen entstehen lässt, über die das Wasser lebhaft hinabfließt.

Der Erholungsbereich wird von sieben runden, unterschiedlich hohen Beeten begrenzt und durch ein weißes Sonnensegel an Edelstahlstangen geschützt. Auch hier ist die Bepflanzung einfach, aber markant: Die Beete sind abwechselnd mit Einzelexemplaren und niedrigen Gruppenpflanzungen bestückt. Auf diese Weise wird der Bereich abgeschirmt und bietet doch Ein- und Ausblicke.

Beleuchtung wird im gesamten Garten verschwenderisch eingesetzt. Von den Mauern aus erhellt sie den Weg, in den Wänden des Wasserlaufs sorgt sie für einen wunderbaren Unterwassereffekt, und der Baldachin und die Pflanzen im Erholungsbereich werden von Strahlern von unten beleuchtet. Gasfackeln steuern tanzende Flammen und nächtliche Schatten bei.

nend und einfallsreich kombiniert werden. Beton etwa lässt sich in jede beliebige Form gießen, aus dickem Glas und Stahl lassen sich Mauern oder Hochbeete für Blumen errichten, und Wasserspiele können innen verspiegelt sein. Die Möglichkeiten sind schier endlos. Für die Bepflanzung eignen sich Arten mit ausgeprägtem Habitus und Blattwerk und/oder Farbe, die man wie lebende Bauwerke oder Skulpturen verwendet, entweder einzeln oder in Gruppen.

Der Plan zeigt einen sehr kühnen modernen Hof, der aus drei ineinander greifenden Teilen besteht: am Haus ein Bereich für Beete; eine Wasserzone, die den Garten unterteilt, sowie ein Erholungsbereich, bewusst in der hinteren Ecke angelegt, damit jeder Besucher zunächst den gesamten Garten in sich aufnehmen kann. Die drei Flächen bestehen aus gefärbtem Beton in drei verschiedenen, leuchtenden Farben, die starke Kontraste bilden. Dieses vielseitige Material ist in zahlreichen Tönen erhältlich; da der Beton gefärbt und nicht gestrichen ist, verblasst die Farbe nicht so rasch.

Der Entwurf ist asymmetrisch und benutzt abrupte Niveauänderungen, um auffallende Effekte zu erzeugen. Von der Tür ausgehend quert ein leicht abfallender Weg den Beetbereich mit seinen zwei dreieckigen Pflanzflächen. Zur Linken steigt das Beet pyramidenförmig in drei Stufen an, zur Rechten wurde umgekehrt ein dreistufig abgesenktes Beet angelegt. Geht man über den geneigten Weg, hat man den Eindruck, die Beete würden höher beziehungsweise tiefer und umgekehrt. Die Pflanzung setzt mehr auf Effekte als auf Vielfalt: Jede Beetstufe ist einer einzigen Ziergrasart vorbehalten, die rund ums Jahr für Form, Farbe und Struktur sorgt. Passend zu den dreistufigen Beeten, die an ein Siegerpodest erinnern, wurden Medaillenfarben gewählt: Bronze, Silber und Gold.

In die Zukunft

Die Zukunft wird spannend werden und der individuelle Entscheidungsspielraum groß. Von Vergangenheit und Gegenwart inspiriert, sollte die Gestaltung des zukunftsweisenden Gartens vorwärts gerichtet sein und Hoffnungen und Erwartungen Ausdruck verleihen.

Wer heute, zu Beginn des 21. Jahrhunderts, einen Garten gestaltet, sieht sich in einer privilegierteren Lage als jede frühere Generation. Nie zuvor haben die Medien – Bücher, Zeitschriften, Fernsehen, Radio, Internet usw. – eine solche Fülle an Anregungen geboten. Zugleich wurden im Zuge gartenhistorischer Forschungen fast vergessene Ideen wieder entdeckt und kommen zu neuen Ehren. Diese Fülle an Informationen hilft, eine eigene Sicht zu entwickeln und allumfassenden Trends zu widerstehen. Was daraus folgt, ist ein neues Diktum – Gärten sind etwas für Individualisten.

Um das vielfältige Angebot vollkommen auszuschöpfen, sollte man allerdings auch dem technischen Fortschritt offen gegenüberstehen. In einen futuristischen Innenhofgarten gehören daher neue Materialien und allerlei besondere Effekte. So könnte man beispielsweise einen großen Flachbildschirm in einer Mauer installieren und darauf Videos zeigen, die ganz bestimmte Stimmungen entstehen lassen. Plastiken, deren Farbe sich mit der Außentemperatur ändert, oder Feuer- und Nebelmaschinen wirken ebenso ungewöhnlich wie dramatisch. Zerkleinertes buntes Glas stellt einen neuartigen und farbenfrohen Bodenbelag dar, und mithilfe von Computern lassen sich Beleuchtung und Wasserfontänen so steuern, dass der Garten von kontinuierlicher Bewegung erfüllt ist.

Individualität kann sich auch in der Verwendung von Gestaltungselementen mit verborgener Bedeutung ausdrücken. Pflanzenarrangements, Skulpturen und Ornamente wie eine in Stein gemeißelte Botschaft können Meilensteine des eigenen Lebens darstellen oder persönliche Anschauungen kundtun, etwa zu Naturschutz, Politik oder der Liebe zu einem bestimmten Ort. Bei aller Symbolik und Technologie sollte der Innenhof der Zukunft jedoch vor allem dem größten Quell der Inspiration Anerkennung zollen – der Natur. Naturnahe Pflanzungen und Farbschemata lassen die Schönheit der Natur in unseren Alltag einfließen und erinnern uns stets an unsere Aufgabe, zukünftigen Generationen die Umwelt als Ganzes zu erhalten.

Ungewöhnliche Materialien auf ungewöhnliche Art verwendet: Die geschwungene Mauer mit ihrem unregelmäßigen Lochmuster, die großen Kugeln und die Stämme der Palmen sind originelle Gestaltungselemente und wirken durch ihre kräftigen Farben noch auffälliger. (oben)

Beleuchtung spielt in diesem Innenhof eine besondere Rolle: Das Prinzip der Wiederholung wurde angewandt, um durch Kombination von Strahlern und Kübeln mit formgeschnittenem Buchs eine formale, plastische Wirkung zu erzeugen. (links)

Vertraute Materialien, ungewöhnlich eingesetzt, bilden eine weitere Möglichkeit, einen Garten voller Überraschungen zu schaffen. Hier erinnern Wappenlilien und Muscheln zwar an das Rokoko, durch die ungewohnte Verwendung wirken sie jedoch eher futuristisch. (gegenüber)

Der Plan zeigt meinen persönlichen Innenhof der Zukunft, so wie ich ihn mir wünsche. Er erfüllt all meine Bedürfnisse: Einerseits eine friedliche Oase, in der ich Entspannung finde, verwandelt er sich andererseits bei Mahlzeiten und Geselligkeit in einen lebendigen Raum. Obwohl Gartengestaltung mein Beruf ist, bleibt mir nur wenig Zeit für die Arbeit im eigenen Garten; deshalb ist der Grundriss unkompliziert und die Bepflanzung pflegeleicht. Einige besondere Effekte und unübliche Materialien lassen jedoch Überraschungsmomente und ein Gefühl des Ungewohnten entstehen.

Der „gepflasterte" Bereich zum Sitzen und Beisammensein ist mit dicken, schwach saugfähigen Gummimatten in Terrakotta-, Ocker- und Grautönen ausgelegt. Um dem Hof Struktur und Geschlossenheit zu geben, wurde das gleiche Material (es ist angenehm zu begehen und für Kinder ungefährlich) für sämtliche Böden verwendet. Der Abwechslung zuliebe – und um die Beete sauber abzugrenzen – erhielt es eine Umrandung aus Ziegeln. Das erhöhte Wasserspiel aus Glasbausteinen ist mit faustgroßen dunkelblauen Glasklumpen gefüllt und von unten beleuchtet. Hier oder auf den großen Steinen daneben lässt sich in aller Ruhe ein gutes Glas Wein genießen. Die Steine stützen zudem das Hochbeet ab. Einen Blickfang bildet auch der Zugang: Die Solitärpflanzen und die Steine stehen in einem Belag aus bunten Glasmurmeln.

Das Thema des Gartens sind die vier Elemente – Luft, Wasser, Feuer und Erde. Das Wasserspiel wird durch Nebel aus einer Nebelmaschine ergänzt, die – gesteuert von einer Zeitschaltuhr im Haus – von Zeit zu Zeit nichts ahnende Gäste in weißen Nebelschwaden verschwinden lässt. Die Düsen befinden sich an der Haustür, am Rand

„Es gibt keine Regeln" ist die einzige echte Regel des futuristischen Designs. Dieser Garten vereint klassische Texte, in Glaspaneele eingraviert – die zudem als transparente Trennwände dienen –, mit Betonwänden und -böden und einem sorgfältig durchdachten Pflanzschema. (unten links)

So könnte die Zukunft des Innenhofgartens aussehen: Die Grenzen zwischen Haus und Garten werden vollständig aufgehoben. Beide Bereiche verschmelzen zu einer Einheit, und aus dem Hof wird ein Innenraum, der allerdings zum Himmel offen ist. (unten)

des größten Beetes und hinter dem Wasserspiel. Als Gegengewicht zum Wasser wurden Feuereffekte installiert. Besonders eindrucksvoll sind diese in der Dämmerung, wenn die Abendluft von Flammenähren belebt wird, die einzelne Felsen einkreisen oder den Weg zum Wasserspiel ausleuchten.

Die Erde beherbergt meine besonderen Lieblinge – ungewöhnliche, bedingt winterharte Pflanzen mit exotischem Blattwerk. Die Beete sind so gestaltet, dass sie elegant, aber nicht überladen wirken. Das Hochbeet enthält Moorbeeterde für Pflanzen, die saure Böden bevorzugen: Vom Haus aus bieten sie einen umwerfenden Anblick. Die architektonischen Pflanzen in den übrigen Beeten sind das ganze Jahr ein attraktiver Blickfang. Unterstrichen wird ihre Wirkung durch Blütenpflanzen, die außerdem für jahreszeitliche Abwechslung sorgen. Viele der hier verwendeten Arten, etwa Chile-Glocke (*Lapageria rosea*) und Kahili-Ingwer (*Hedychium gardnerianum*), sind nicht ausreichend winterhart. Sie wachsen daher in Kübeln, die nach dem letzten Frost in die Beete gesetzt, im Herbst wieder herausgenommen und in dem achteckigen Gewächshaus überwintert werden. Vervollständigt wird der Garten durch das verdeckt errichtete Gartenhaus, in dem sich Möbel, Grill und Werkzeug verstauen lassen.

Pflanzen für einen futuristischen Innenhof

1 Japanische Faserbanane *(Musa basjoo)*
2 Waldrebe *(Clematis armandii)* **3** Zwergpalme
(Chamaerops humilis) **4** Riesenlilie *(Cardiocrinum giganteum)* **5** *Dicksonia antarctica* **6** Rippenfarn
(Blechnum chilense) **7** Frauenhaarfarn
(Adiantum pedatum) **8** Rimu *(Dacrydium cupressinum)*
9 Riesen-Vergissmeinnicht *(Myosotidium hortensia)* **10** Elfenblume *(Epimedium x versicolor)*
11 Salomonssiegel *(Polygonatum x hybridum)*

12 *Isoplexis canariensis* **13** Mammutblatt
(Gunnera tinctoria) **14** Chile-Glocke *(Lapageria rosea)* **15** Funkie *(Hosta sieboldiana)*
16 Kahili-Ingwer *(Hedychium gardnerianum)*
17 Sternjasmin *(Trachelospermum jasminoides)*
18 Primel *(Primula florindae)* **19** Seidelbast
(Daphne x burkwoodii 'Astrid') **20** Fächerahorn
(Acer palmatum 'Dissectum') **21** Keulenlilie
(Cordyline australis 'Torbay Dazzler')

22 Dreiblatt *(Trillium grandiflorum)*
23 *Rhododendron yakushimanum* **24** Funkie
(Hosta crispula) **25** *Rhododendron* 'Elizabeth'
26 Scheinmohn *(Meconopsis betonicifolia)*
27 Kamelie *(Camellia x williamsii 'Donation')*
28 Laternenbaum *(Crinodendron hookerianum)*
29 Bergenie *(Bergenia ciliata)* **30** Teneriffa-
Natternkopf *(Echium wildpretii)* **31** *Grevillea rosmarinifolia* **32** Funkie *(Hosta sieboldii)*

Themen gestalten

Trockengärten

In Regionen mit geringen Niederschlägen entstehen häufig wunderschöne natürliche Landschaften, in denen trockenresistente Pflanzen von außergewöhnlicher Gestalt heimisch sind. Diese entfalten auch im Innenhof beeindruckende Wirkung. Trockengärten besitzen darüber hinaus einen weiteren immensen Vorteil: Wenig Regen bedeutet auch wenig Unkraut.

Trockengebiete entstehen überall dort, wo sehr wenig Regen fällt. Die besonderen Probleme, die das Gärtnern in solchen Regionen mit sich bringt, führten in den 80er-Jahren in Amerika zur Entwicklung eines Trockengartens mit ökologischem Ansatz: Dieser zielt auf einen verantwortungsvollen, vernünftigen Umgang mit dem kostbaren Wasser ab. Die Bepflanzung konzentriert sich auf Arten, die an trockene Bedingungen angepasst sind, und die feuchtigkeitsspeichernde Wirkung von Mulchmaterialien wie etwa Stein wird ganz bewusst genutzt.

Diese so genannte Xeriscape-Bewegung[3] (s. S. 160) entstand im Jahre 1981 in Denver, Colorado. Denver verzeichnet im Jahresdurchschnitt nur 35 cm Regen, bei einem durchschnittlichen Temperaturminimum von −8 °C im Januar und mittleren Höchstwerten von 31 °C im Juli. Trockengärten sind demzufolge in alpinen Regionen ebenso möglich wie in Wüsten. Unabhängig vom Standort lässt sich jedoch stets mit minimalem Aufwand maximale Wirkung erzielen. Auch der Pflegeaufwand ist sehr gering, denn die Probleme, die in feuchteren Regionen durch Unkraut verursacht werden, existieren in Trockengebieten schlicht nicht.

Gebiete mit äußerst geringem Niederschlag sind meist durch eine dramatische Szenerie und eine spärliche, dafür umso auffälligere Vegetation geprägt. Für die Gestaltung eines trockenen Innenhofgartens bietet die Natur das beste Vorbild. Ein schlichtes, fast minimalistisches Design liegt auf der Hand, da eine zu komplizierte Trockengestaltung die ihr eigene Schönheit einbüßt. Das feste Gerüst des Gartens – Sitzplatz, Mauern, Wege, Höhenunterschiede und Stufen – wird am besten aus Naturmaterialien wie Stein angelegt oder aus Baustoffen, die mit diesen harmonieren. In heißen, trockenen Gegenden sind Adobeziegel (luftgetrocknete Lehmziegel) weit verbreitet. Sie werden mit Lehm verputzt und eignen sich hervorragend für Mauern, erhöhte Beete, Stützmauern und sogar Gartengebäude.

Terrakottafliesen lassen sich in verschiedenen Klimazonen verwenden, während mit Beton Sitzgelegenheiten gegossen oder Schwimmbäder und Wasserläufe ausgekleidet werden können.

Ein farbiger Anstrich auf Mauern und anderen Oberflächen entfaltet große Wirkung. Weiß ist in heißen Gegenden sehr beliebt, kann bei hellem Sonnenlicht jedoch zu grell wirken. Natürliche Töne, die mit denen der Umgebung harmonieren, wie Ocker, Zimt, Zitrone oder Safran, machen sich immer gut, insbesondere im Abendlicht. Wem jedoch der Sinn nach größeren Kontrasten steht, der kann natürliche Farben auch auf äußerst gewagte, fast grelle Töne prallen lassen.

Die Bepflanzung von Trockengärten sollte einfach, doch ausdrucksvoll gehalten sein. Für Beete und Rabatten empfiehlt sich eine Deckschicht, etwa aus Lavagestein, Schieferton (dünne, handtellergroße Platten eines flachen, rötlichen, schieferähnlichen Gesteins), feinem oder grobem Kies oder Sand. Die Pflanzen werden mit hinreichend Abstand gesetzt, um größtmögliche Wirkung zu erzielen, ein Effekt, der sich durch Wiederholung noch verstärken lässt. Manche architektonischen Pflanzen bringen auch Blüten mit intensiven Farben und/oder süßem Duft hervor, die ein wechselndes Bild entstehen lassen. Die Auswahl der Pflanzen orientiert sich vorrangig an der lokalen Flora, wenngleich auch exotischere Arten verwendet werden können.

Der auf Seite 61 vorgestellte Innenhof wurde für ein Klima mit Tiefsttemperaturen von 10 °C konzipiert; die Bepflanzung setzt sich also überwiegend aus frostempfindlichen Arten zusammen. Wie bei der Gestaltung von Trockengärten im Xeriscape-Stil üblich, sind die einzelnen Gartenbereiche durch unterschiedliche Materialien voneinander abgeho-

Pflanzen mit bizarren Formen wurden hier in so großen Abständen gesetzt, dass jede einzelne zu voller Geltung gelangt. Das erhöhte Beet schafft eine zusätzliche Ebene, und die strenge Geometrie des Betons steht in spannungsvollem Kontrast zu den natürlichen Linien der Pflanzen. (oben)

Texturunterschiede und Kontraste spielen eine wesentliche Rolle bei der Gestaltung eines trockenen Innenhofes. Hier betonen die waagerechten Linien glatter Mauern den regelmäßigen Charakter des gerippten Säulenkaktus und die Kuppelform des luftigen Grases. Auch wird deutlich, wie wichtig es ist, die Wirkung von Sonne und Schatten bereits in der Planungsphase zu berücksichtigen. (gegenüber)

ben. Auf diese Weise ist zugleich für Abwechslung gesorgt. Direkt ans Haus grenzt eine Terrasse aus Terrakottaziegeln; sie bildet eine Art Übergang zwischen Haus und eigentlichem Garten und ist ein wunderbarer Ort

Mit ihren sanften, erdigen Tönen bilden Haus und Stützmauer einen hervorragenden Hintergrund für die Bepflanzung, die von Grün- und Blaugrüntönen dominiert ist. Die Pflanzen wurden mit großer Sorgfalt platziert, um die Hangneigung voll auszunutzen; ihre Farben werden von den Honigtönen der Steine noch hervorgehoben. (links)

Trockengarten in modernem Design: Die interessanten Texturen von Betonmauer und Kiesbeet schaffen einen minimalistischen Rahmen für die drei Pflanzen, jede die Vertreterin einer anderen Art. Gerade ihre offenkundige Unkompliziertheit macht die Wirksamkeit solcher Arrangements aus. (unten)

Diese natürlichen Skulpturen bilden die einzigen Ornamente des Gartens, wenngleich auch ethnische Kunstobjekte ein stimmiges Bild ergeben würden.

Der Schieferton bildet gleichsam die Leinwand, vor der die architektonischen Pflanzen besonders gut zur Geltung gelangen. Für etwas mehr jahreszeitliche Abwechslung sorgt die einjährige Mittagsblume *Dorotheanthus bellidiformis*. Die Pflege beschränkt sich auf gelegentliches Entfernen von Verblühtem; ab und zu muss der Teich aufgefüllt werden. Davon abgesehen, lässt der Innenhof mehr als genug Zeit zum Entspannen und Genießen mit Freunden.

für Einladungen. Hier lässt sich die Abendkühle genießen und so richtig entspannen. Leises Wassertröpfeln klingt vom Teich herüber und wirkt zusätzlich beruhigend. Wasser bringt Bewegung in den Garten und lässt ihn wie eine Oase erscheinen; mit seiner flüssigen Konsistenz bildet es einen Kontrast zu den spitzen Formen der Felsen und Pflanzen. Da es ein so kostbares Gut ist, wird fließendes Wasser allerdings vermieden, um die Verdunstung gering zu halten.

Ein schwarzer Aschenweg führt von der Terrasse kreisförmig durch den Garten, vorbei an einem Sitzplatz am äußersten Ende. Das Zentrum des Gartens bildet ein abgesenkter, unregelmäßig geformter Teich, ausgekleidet mit rötlich grauem Schieferton. In seiner Mitte befindet sich ein großer Stein, durch den ein Loch gebohrt wurde, sodass er als Sprudelstein verwendet werden kann. Vom Teich aus steigt ein „Geröll"-Beet, das ebenfalls mit Schieferton abgedeckt ist, allmählich zum Weg an.

Rund um den Weg zieht sich ein erhöhtes Beet, das von einer Stützmauer aus Adobeziegeln gehalten wird. Nach außen, zur Einfriedung – ebenfalls aus Adobe – hin, steigt das Beet leicht an. Beide Mauern sind weiß gestrichen. Das Beet ist mit Schieferton abgedeckt und mit vier großen Felsen bestückt.

Pflanzen für einen trockenen Innenhof

1 Flanellstrauch (Fremontodendron californicum)
2 Agave parviflora
3 Schmucklilie (Agapanthus 'Albatross')
4 Schmucklilie (Agapanthus Headbourne-Hybriden)
5 Fackellilie (Kniphofia caulescens)
6 Bougainvillea spectabilis
7 Echte Aloe (Aloë vera)
8 Kalifornischer Baummohn (Romneya coulteri)
9 Königin der Nacht (Selenicereus grandiflorus)
10 Diptamdosten (Origanum dictamnus)
11 Basilikum (Ocimum basilicum)
12 Gartenthymian (Thymus vulgaris)
13 Pereskia aculeata
14 Dorotheanthus bellidiformis
15 Trompetenblume (Campsis radicans)
16 Seeigelkaktus (Echinopsis spachiana)
17 Agave americana 'Variegata'
18 Teneriffa-Natternkopf (Echium wildpretii)
19 Opuntie (Opuntia robusta)
20 Neuseeländer Flachs (Phormium 'Sundowner')
21 Königsprotea (Protea cynaroides)
22 Agave utahensis
23 Belladonnalilie (Amaryllis belladonna)

Mediterrane Lebensart

Der mediterrane Innenhofgarten spiegelt das Klima des Mittelmeerraumes wider, nicht minder jedoch das Leben seiner Bewohner. Einer Region mit viel gerühmter Lebensart entstammt ein Stil, der dem Familienleben einen zentralen Platz einräumt und eine Eleganz verkörpert, die aus Schlichtheit hervorgeht.

Die Mittelmeerregion erlebte zahlreiche große Kulturen. Innenhofgärten waren hier schon vor mehreren Tausend Jahren bekannt, selbst in Homers Odyssee finden sie Erwähnung. Dennoch ist der mediterrane Innenhof nicht auf eine einzige geographische Region beschränkt. Er steht vielmehr für einen architektonischen Stil, der einer bestimmten Lebensart entspricht, und kann überall angelegt werden, wo heiße, trockene Sommer und milde feuchte Winter herrschen und die Temperaturen selten unter den Gefrierpunkt sinken. Das ist etwa in den zentralen und südlichen Teilen Kaliforniens der Fall, in Cape Province im westlichen Südafrika, in Teilen des chilenischen Küstenstreifens sowie im westlichen, südlichen und östlichen Australien.

Der mediterrane Innenhof ist für Menschen konzipiert und muss somit verschiedene Funktionen erfüllen. Er ist ein Ort der Entspannung und des morgendlichen Friedens, ein schattiges Refugium, das zur Siesta einlädt, und in den kühlen Abendstunden die Bühne für Mahlzeiten im Kreise von Familie und Freunden. Zudem dient er praktischen Aktivitäten: Hier wird das Essen zubereitet, gedeihen die Küchenkräuter und finden die Kinder einen sicheren Platz zum Spielen. Vor allem aber ist er ein Ort der Schönheit, dessen Charme gerade in seiner unkomplizierten Gestaltung liegt.

Die Wände bestehen meist aus weiß verputzten Steinmauern; nackte Mauern oder Wandmalereien mit mediterranen Szenen eignen sich jedoch ebenso. Als Kontrast zu den weißen Mauern finden sich häu-

Blau – die Essenz des mediterranen Stils. Möbel und Terrassendach strahlen hier einen rustikalen Charme aus, während das elegante Terrakottagefäß eine historische Komponente einbringt. (unten)

So eine epische Szene beschwört nicht nur die Glorie vergangener Tage herauf, sondern ist auch sehr dekorativ. Im Schatten der knorrigen Rebe lassen sich die Mittagsstunden gut aushalten. (rechts)

Pflanzen für einen mediterranen Innenhof

1 Echter Lavendel (*Lavandula angustifolia* 'Alba')

2 Schopflavendel (*Lavandula stoechas*)

3 Mandelbaum (*Prunus dulcis*)

4 Weinrebe (*Vitis vinifera*)

5 Olivenbaum (*Olea europaea*)

6 Pelargonie (*Pelargonium* 'Voodoo')

7 Zitrone (*Citrus limon*)

8 Basilikum (*Ocimum basilicum*)

9 Pfefferminze (*Mentha × piperita*)

10 Gartenthymian (*Thymus vulgaris*)

11 Oregano (*Origanum vulgare* ssp. *hirtum*)

12 *Bougainvillea glabra* 'Singapore Beauty'

13 Prunkwinde (*Ipomoea tricolor* 'Heavenly Blue')

fig blau gestrichene Stufen und Türrahmen, während die Böden zumeist mit Steinen gepflastert sind. Mitunter trifft man auch Terrakottafliesen oder farbig gestrichenen Beton an. Zierelemente gibt es nur wenige, die meisten dienen zudem praktischen und dekorativen Zwecken zugleich. Tisch und Stühle werden am Haus aufgestellt, während ein weiterer Klassiker des mediterranen Gartens, die schattige, mit Pflanzen begrünte oder mit Bambus gedeckte Pergola, weiter entfernt stehen kann, wo man ungestörter ist. Wasserspiele zählen zu den jüngeren Errungenschaften im traditionellen mediterranen Innenhof.

Das Prinzip eleganter und praktischer Schlichtheit gilt auch für die Bepflanzung. Schatten spendende und Früchte tragende Arten wie Olivenbäume (Olea europaea), Aprikosen (Prunus armeniaca), Granatapfelbäume (Punica granatum) und Mandelbäume (Prunus dulcis) – mit weiß gestrichenen Stämmen – wachsen in Pflanzflächen, die aus dem Bodenbelag des Innenhofes ausgespart sind. Dekorative Kletterer und/oder Obstbäume werden an den Mauern erzogen. Anstelle von Beeten und Rabatten bevorzugt man Kübelpflanzen, die jederzeit umgestellt werden können, um dem Innenhof ein anderes Gesicht zu geben. Durch Austauschen der Pflanzen lassen sich auch jahreszeitliche Schwerpunkte setzen. Die klassische mediterrane Sommerbepflanzung besteht aus scharlachroten Pelargonien in kleinen Terrakottatöpfen, die großzügig über den Garten verteilt werden. Andere beliebte und dekorative Topfpflanzen sind Sonnenblumen (Helianthus), Wunderblumen (Mirabilis jalapa), Heliotrop (Heliotropium arborescens) und Kletterer wie Pharbitis purpurea und Bougainvillea. Größere Töpfe mit Zitrusbäumchen, Oleander, einer Hanfpalme (Trachycarpus fortunei)

oder blau blühenden Schmucklilien (Agapanthus) verleihen der Gestaltung Höhe und einen zusätzlichen dekorativen Aspekt. Abgerundet wird die Bepflanzung durch eine Fülle an aromatischen Kräutern wie Lavendel, Basilikum, Oregano und Thymian.

Der Plan auf Seite 64 zeigt einen von einer weißen Mauer eingefriedeten Innenhof, den azurblaue Innenwände in zwei Bereiche gliedern. Als Bodenbelag wurden honiggelbe Sandsteinplatten gewählt, mit ausreichend Zwischenraum verlegt, damit sich Gras oder duftende Kräuter wie Thymian oder Kamille in den Fugen ansiedeln können. Direkt am Haus, im Schatten zweier Olivenbäume, befindet sich eine Fläche zum Sitzen; für beruhigende Untermalung sorgt leises Wasserplätschern.

Große dekorative Terrakottakübel, mit Zitronenbäumchen bepflanzt, wurden zu beiden Seiten des Hauseingangs aufgestellt. Zwei weitere Zitronenbäumchen flankieren ein schmiedeeisernes Tor auf der linken Seite des Gartens (nicht eingezeichnet). Ein Wandgemälde auf der Mauer an dieser Seite weckt die Illusion, auf eine Mittelmeer-Szenerie zu blicken. Hinter den blauen Trennwänden beginnt der abgeschirmte Bereich, der Freizeit und Erholung dient. Eine mit Reben begrünte Holzpergola bildet einen schattigen Rückzugsort, der Ausblick auf das Wasserspiel gewährt. Dieses ist – passend zum unkomplizierten Stil des Gartens – schlicht und modern gestaltet und von flächig gepflanztem Lavendel gerahmt. An den Mauern werden Bougainvillea, Prunkwinde (Ipomoea) und Mandelbaum (Prunus dulcis) gezogen; Töpfe mit Kräutern und scharlachroten Pelargonien sind über den gesamten Innenhof verteilt. In kühleren Klimazonen verwendet man frostempfindliche Gewächse wie Olive oder Bougainvillea einfach als Kübelpflanzen – ganz im mediterranen Stil.

Weiß gekalkte Mauern sind typisch für Länder mit heißen Sommern, ebenso Pflanzen, die sich in farbenprächtigem Blütenschmuck präsentieren. (unten)

Pelargonien finden sich überall im Mittelmeerraum. Sie vertragen Trockenheit relativ gut und eignen sich auch wunderbar für Kübel und Ampeln. (ganz unten)

Tropisches Paradies

Mit seiner üppigen Pracht außergewöhnlichen Blattwerks und leuchtender Blüten, untermalt vom beruhigenden Rauschen eines kühlenden Wasserfalls, bildet der „gezähmte Dschungel" eines tropischen Innenhofes einen Ort, der Geist und Seele zu neuen Kräften gelangen lässt, ob in tropischem oder gemäßigtem Klima.

Wer einen wirklich tropischen Innenhofgarten anlegen will, muss entweder in einem entsprechenden Klima wohnen oder die erforderlichen Bedingungen unter Glas simulieren. Tatsächlich begegnen uns die ersten künstlich angelegten Tropengärten in Gestalt riesiger Gewächshäuser, die die finanzkräftige Oberschicht Europas und Nordamerikas im 19. Jahrhundert erbauen ließ, um darin jene außergewöhnlichen Pflanzen zur Schau zu stellen, die die Pflanzenjäger aus den neu entdeckten Dschungelgebieten mitgebracht hatten. Das zwischen 1836 und 1840 errichtete große Gewächshaus von Chatsworth im englischen Derbyshire galt als das größte der Welt. Pro Tag wurde hier eine Tonne Kohlen verheizt, um die notwendigen Temperaturbedingungen zu schaffen. Die Pflanzen stellte man zu Beginn einzeln aus, fast wie Museumsstücke, doch schon bald wurde es Usus, sie in Gruppen zu arrangieren, die den Pflanzengemeinschaften ihrer Heimat nachempfunden waren. Dies war die Geburtsstunde des „gezähmten Dschungels".

Heute erfreut sich der tropische Garten wieder großer Beliebtheit. In den letzten ein, zwei Generationen hat sich in zahlreichen ehemaligen Kolonialländern eine Art internationaler Tropengarten-Stil herausgebildet, den eine Verschmelzung von Kunst und Natur auszeichnet. Gärten mit Dschungel-Flair lassen sich jedoch auch in gemäßigten Klimazonen anlegen. Die Gestaltungsprinzipien sind die gleichen, doch statt frostempfindlicher Pflanzen verwendet man bedingt oder völlig winterharte, exotisch wirkende Arten wie zum Beispiel Hanfpalme (Trachycarpus fortunei), Federmohn (Macleaya cordata) oder Mammutblatt (Gunnera tinctoria). Eine andere Möglichkeit ist, frostempfindliche Arten als Kübelpflanzen zu verwenden; sie benötigen in der kalten Jahreszeit natürlich ein geeignetes Winterquartier.

Ein tropischer Innenhof sollte einer natürlichen Lichtung im Dschungel gleichen – einem Ort, der zum Innehalten, Ausruhen und Durstlöschen einlädt. Die lebenden Gestaltungsmittel werden durch künstlerische oder kunsthandwerkliche Elemente ergänzt. Ein Pfad kann zu einer Sitzgelegenheit führen, die zwischen üppigem Blattwerk versteckt und durch einen großen Schirm – ein Holzgestell mit Palmwedeln – vor tropischen Regengüssen geschützt ist, oder auch zu einem kleinen Gästehaus. Weitere Zierelemente können Wasserspiele oder Teiche sein, dekorative Wasserkrüge, Skulpturen und Schnitzereien, aber auch Werke religiöser Natur, etwa eine Buddhafigur.

Auch in der Zusammenstellung der Pflanzen offenbart sich die künstlerische Hand: Auffallende, zwanglos und natürlich wirkende Gruppen von Arten unterschiedlicher Höhe dominieren; als Kontrast werden Pflanzen in Einzelstellung gesetzt, die als Blickfang dienen. Die Pflanzung sollte in ihrer Üppigkeit einem echten Dschungel ähneln, insbesondere entlang der Grundstücksränder: Hier sollten die Pflanzen die Konturen des Innenhofes überspielen, damit dieser größer erscheint, als er tatsächlich ist. Als sehr wirkungsvoll hat sich zu diesem Zweck das Aufhängen von Töpfen mit exotischen Orchideen und Bromelien an den Wänden erwiesen.

Besonderes Vergnügen bereitet bei der Gestaltung eines tropischen Gartens die Pflanzenauswahl. Das riesige Angebot an Pflanzen aus aller Welt macht es unnötig, sich auf heimische Arten zu beschränken, es sei denn, genau dies wäre beabsichtigt. Bei der Suche nach passenden Zusammenstellungen bieten sich schier endlose Möglichkeiten, wobei die Ergebnisse ebenso dramatisch wie farbenprächtig sein können. Man sollte jedoch nicht vergessen, dass zahlreiche Pflanzen in tropischem Klima sehr rasch sehr groß werden. Es empfiehlt sich daher, sorgfältig auszuwählen und eher langsam wachsende und/oder kleine Arten zu bevorzugen.

Der „Dschungel" auf dem hier vorgestellten Plan besteht zum Großteil aus echten Tropengewächsen, und mit dem Pfad und der zentralen Terrasse erinnert er tatsächlich an eine tropische Insel. Beide Elemente bestehen aus unregelmäßig geformten, geglätteten Blöcken aus weißem Stein (Korallenimitat), verfugt mit schwarzem Sand. Der Sitzbereich wird zur einen Seite durch den Teich begrenzt, zur anderen durch den gewundenen Kanal. Dieser quillt aus einem Mühlstein hervor, der zu einem Springbrunnen umfunktioniert wurde. Der friedliche, kurvige Wasserlauf bildet einen willkommenen Gegensatz zu dem lebhaft brodelnden, naturalistischen Wasserfall, der aus großen Stei-

Einen Hauch der Tropen vermitteln exotische Pflanzungen mit Palmen, Farnen und Bambus. Sie bilden einen kühlen, üppigen Hintergrund für andere extravagante Arten mit prächtigen warmen Blütenfarben. (unten)

Pflanzen für einen tropischen Innenhof

1 Cyathea cooperi
2 Vanda tricolor
3 Bromelien in Töpfen an der Mauer
4 Flamingoblume (Anthurium andraeanum)
5 Papageienblume (Heliconia psittacorum)
6 Dreimasterblume (Tradescantia spathacea)
7 Tabebuia aurea
8 Hedychium coronarium
9 Punktblume (Hypoestes phyllostachya)
10 Balsamine (Impatiens platypetala)
11 Aechmea fosteriana
12 Neoregelia carolinae
13 Kranzschlinge (Stephanotis floribunda)
14 Balsamine (Impatiens hawkeri)
15 Neoregelia ampullacea
16 Keulenlilie (Cordyline fruticosa)
17 Schraubenbaum (Pandanus pygmaeus)
18 Zapfenblume (Strobilanthes dyerianus)
19 Gelbe Dickähre (Pachystachys lutea)
20 Acalypha wilkesiana 'Godseffiana'
21 Thunbergia erecta
22 Passionsblume (Passiflora vitifolia)
23 Pritchardia pacifica
24 Alocasia sanderiana
25 Strelitzie (Strelitzia reginae)
26 Blaue Lotosblume (Nymphaea caerulea)

nen errichtet ist und eine Höhe von 1,20 m erreicht. Aufgrund seiner Größe verdeckt er die dahinter liegende, unschön geformte Ecke – ein sehr nützlicher Nebeneffekt.

Grundgedanke des Pflanzschemas ist es, Arten aus verschiedenen Ländern zu lockeren Bändern zusammenzupflanzen; das Gegengewicht bilden größere Solitärpflanzen. Der Teich wurde ausschließlich mit der wunderschönen Blauen Lotosblume *(Nymphaea caerulea)* bepflanzt, doch ließe sich durch Hinzunahme anderer Seerosen ebenso gut ein bunter Blütenteppich anlegen, etwa mit der bronzeroten *N. ampla*, der gelben *N. stuhlmannii* oder der duftenden weißen *N. pubescens*. Niedrig wachsende Pflanzen umspielen den Teichrand und dienen auch um den Sitzbereich herum als Bodendecker. Zur Grundstücksgrenze hin verbinden sich größere Arten harmonisch mit einzelnen besonders auffallenden, als Leitpflanze verwendeten Exemplaren. Letztere wurden ihrer bemerkenswerten Blätter, Farbe oder Form wegen ausgewählt oder auch wegen ungewöhnlicher und/oder stark duftender Blüten, so etwa Passionsblume *(Passiflora vitifolia)* und *Hedychium coronarium*.

In diesem Innenhof bringt ein schwarz-weißer Fliesenbelag Ordnung und klare Strukturen. Die üppige Bepflanzung, zu der auch formgeschnittene Pflanzen in Wolkenform zählen, lässt die Grenzen jedoch verschwimmen, sodass eine fast dschungelartige Atmosphäre entsteht. (oben)

Auch in gemäßigtem Klima kann ein „Dschungel" heranwachsen: aus winterharten Pflanzen mit exotisch anmutenden Blättern oder Formen, etwa Medizinalrhabarber *(Rheum palmatum)*, Mammutblatt *(Gunnera manicata)*, Funkien und Bambus. Das Ziel sollte eine dichte und abwechslungsreiche Gestaltung sein, in der auch Wasser nicht fehlen darf. (links)

Schön und pflegeleicht

Es gibt vielerlei Möglichkeiten, einen Garten spannend und attraktiv zu gestalten und den Pflegeaufwand dennoch in Grenzen zu halten. Die beste Grundlage bildet ein Rahmen aus festen Baumaterialien, kombiniert mit pflegeleichten Pflanzflächen und Zierelementen.

Der erste Schritt auf dem Weg zu einem schönen und dabei nicht allzu arbeitsaufwendigen Garten besteht oft darin, auf Rasen zu verzichten. Denn entgegen landläufiger Meinung ist Gras alles andere als pflegeleicht: Selbst ein durchschnittlicher Rasen muss während der Wachstumsperiode wöchentlich gemäht werden, ein perfekter Zierrasen erfordert fast

tägliches Mähen. Und natürlich fällt auch einiges an Zusatzarbeit an: Düngen, Jäten, Wässern, Vertikutieren, Lüften usw.

Zumindest ein Teil der Rasenfläche kann durch feste Beläge ersetzt werden. Abwechslung tut hier gut, doch sollte man methodisch vorgehen. Am besten beschränkt man sich auf wenige, sorgfältig ausgewählte Materialien und Farben, die gut zusammenpassen und andere Elemente wie Einfriedungen, Pflanzen oder Zierobjekte ergänzen. Der Belag für eine Terrasse kann beispielsweise aus getöntem Beton, Steinpflaster oder Holz bestehen; ein verborgener Sitzbereich mit Teich lässt sich mit Ziegeln oder Kopfsteinpflaster befestigen; für Wege bieten sich farbiger Kies, Mosaikpflaster oder Rindenmulch an. Sobald solche festen

Oberflächen einmal angelegt sind, erfordern sie nur noch minimale Pflege – gelegentliches Auszupfen von Unkraut etwa, das sich hier und da durch die Ritzen wagt.

Dieses architektonische Grundgerüst legt zugleich die Pflanzflächen fest, zu denen in einem Innenhof auch die Vertikale zählt, in der Regel die Mauern. Mit selbstklimmenden Kletterpflanzen, etwa panaschiertem Efeu oder Jungfernreben (*Parthenocissus tricuspidata*), lassen sich Beton, Stein oder Ziegel dekorativ verdecken, in puncto Pflege ist höchstens ein jährlicher Schnitt erforderlich. Wenngleich alle Pflanzen ein gewisses Maß an Pflege benötigen, kann der Arbeitsaufwand durch Pflanzung gemischter Rabatten erheblich verringert werden. Sträucher und andere größere Pflanzen geben hier ganzjährig Struktur; darunter lassen Blattwerk, Blütenstauden, Farne und Zwiebelgewächse einen dichten Teppich mit jahreszeitlich wechselndem Gesicht entstehen, der das Aufkommen von Unkraut unterdrücken hilft.

Der Pflegeaufwand lässt sich noch weiter reduzieren, wenn ein Großteil der niedrigen Pflanzen durch eine Schicht Kies oder Schieferton ersetzt wird. Die Pflanzfläche wird reichlich gedüngt und mit einer Folie abgedeckt, die das Hochkommen von Unkraut

Geringer Pflegeaufwand ist keineswegs gleichbedeutend mit einfallslosem Design. Hier lassen reizvoll geschwungene Mauern ungewöhnliche Gartenräume entstehen; die exotische Bepflanzung erfordert nur ein Minimum an Pflege. (links)

Weidenflechtwerk als Einfassung für Hochbeete, die mit Buchs bepflanzt wurden. So entsteht rasch eine organische grüne Fläche, die nur gelegentlich gestutzt werden muss. Der Kiesbelag kommt gänzlich ohne Pflege aus. (gegenüber)

sowie das Absinken des Kieses in den Boden verhindert. Ein Polypropylen-Gewebe, wie es auch für Anzuchtbeete verwendet wird, ist leichter zu verlegen und sicherer als schwarze Polyäthylenfolie, zudem ist es reißfest und wasserdurchlässig. Man bedeckt die Folie mit einer 7,5 cm dicken Kiesschicht, platziert die Pflanzen an die gewünschten Stellen und schiebt dort den Kies beiseite. Über dem Pflanzloch wird die Folie eingeschnitten und zurückgeklappt; nach dem Einsetzen der Pflanze breitet man Folie und Kies wieder aus.

Äußerst wichtig für einen pflegeleichten Innenhof sind auch Zierobjekte, die als Blickfang dienen. Ihre Auswahl richtet sich nach dem persönlichen Geschmack; neben Skulpturen kommen Wasserelemente, architektonische Pflanzen, einige ungleichmäßige Steine oder große Flusskiesel infrage. In einem Garten, der Wüstenflair vermitteln soll, macht sich auch bunter Kies gut.

Der Plan auf der folgenden Seite zeigt einen grünen, meditativen Garten, dessen besinnliche Stimmung sich auch in seinen verschiedenen Elementen spiegelt. Beim Verlassen des Hauses fällt der Blick auf eine moderne Skulptur, das Ohr vernimmt leises Plätschern. Folgt man dem Pfad, rückt das Wasserspiel ins Bild. Ein Spiegel gewährt Einblick in einen geheimen Garten, der in der Mitte des Beetes versteckt ist. Dieser schattige, moosbewachsene Rückzugsort birgt einen Sitzplatz für eine Person. Ein Stück weiter befindet sich ein Bogen, der den Eingang zu einem abgeschiedenen Sitzbereich markiert. Der Boden ist hier gepflastert; in die Bambushecke wurde ein Rollo integriert, das auf Wunsch den Blick auf die moderne Skulptur freigibt. Ein Bambusvorhang ermöglicht die Rückkehr zum Haus über einen versteckten Pfad. Große Bedeutung kommt der Beleuchtung zu: Der Weg ist vollständig ausgeleuchtet, und die Wirkung der Skulpturen und Dekorationen wird durch geschickt eingesetzte Strahler noch verstärkt.

Die Bepflanzung lebt von größeren Exemplaren, deren gezielte Platzierung für besondere Effekte sorgt. Bambus bildet eine wunderbar lichte Hecke und einen Rahmen für die Skulptur; andere Arten bestechen durch ausgeprägt architektonische Form. Da der Plan für ein weitgehend frostfreies Klima entworfen wurde, finden sich darunter auch so empfindliche Gewächse wie der australische Baumfarn *Dicksonia ant-*

Pflanzen für einen pflegeleichten Innenhof

1 Glyzine *(Wisteria sinensis)*
2 *Erythronium americanum*
3 Hundszahn *(Erythronium dens-canis)*
4 Taglilie *(Hemerocallis citrina)*
5 Hechtrose *(Rosa glauca)*
6 Mahonie *(Mahonia aquifolium)*
7 Herbstzeitlose *(Colchicum autumnale)*
8 Seidelbast *(Daphne odora 'Aureomarginata')*
9 Keulenlilie *(Cordyline australis 'Torbay Dazzler')*
10 Jungfernrebe *(Parthenocissus henryana)*
11 Kamelie *(Camellia saluenensis)*
12 Wald-Frauenfarn *(Athyrium filix-femina)*
13 Osterglocke *(Narcissus pseudonarcissus)*
14 Laternenbaum *(Crinodendron hookerianum)*
15 Dreiblatt *(Trillium grandiflorum)*
16 *Correa* 'Mannii'
17 Hirschzunge *(Asplenium scolopendrium)*
18 Winterblüte *(Chimonanthus praecox)*
19 Vorfrühlings-Alpenveilchen *(Cyclamen coum)*
20 Fächerahorn *(Acer palmatum* Dissectum-Atropurpureum-Gruppe)
21 *Rhododendron fortunei*
22 Scheinmohn *(Meconopsis betonicifolia)*
23 Funkie *(Hosta fortunei 'Aureo-marginata')*
24 Sternmagnolie *(Magnolia stellata)*
25 Hanfpalme *(Trachycarpus fortunei)*
26 Bambus *(Phyllostachys bambusoides* 'Allgold')
27 Bergenie *(Bergenia ciliata)*
28 Fackellilie *(Kniphofia caulescens)*
29 Hartriegel *(Cornus capitata)*
30 Maiglöckchen *(Convallaria majalis)*
31 Elfenblume *(Epimedium perralderianum)*
32 Japanische Kamelie *(Camellia japonica* 'Tricolor')
33 Bambus *(Phyllostachys nigra)*
34 Großblütige Abelie *(Abelia × grandiflora)*
35 Funkie *(Hosta* 'Halcyon')
36 Lackzistrose *(Cistus ladanifer)*
37 Kletterrose *(Rosa* 'Aloha')
38 Straußenfarn *(Matteuccia struthiopteris)*
39 Neuseeländer Flachs *(Phormium* 'Dazzler')
40 *Garrya elliptica*
41 Schneeball *(Viburnum carlesii)*
42 Frauenmantel *(Alchemilla mollis)*
43 Zaubernuss *(Hamamelis mollis)*
44 Königslilie *(Lilium regale)*
45 Pampasgras *(Cortaderia selloana)*
46 *Dicksonia antarctica*

arctica. Immergrüne Sträucher sind als Sichtblenden eingesetzt – auf diese Weise gibt es immer wieder Überraschungsmomente. Dynamik und jahreszeitliche Abwechslung bringen Laub abwerfende Sträucher mit attraktivem Blattwerk und/oder reizvoller Herbstfärbung, kombiniert mit blühenden Arten. Bei beiden wurde Wert auf Duft gelegt.

Die Vielfalt an niedrig wachsenden Pflanzenarten ist außerordentlich groß; sie sollen ein von Jahreszeit zu Jahreszeit wechselndes Bild schaffen. Eine pflegeleichte Alternative wäre die Pflanzung größerer, zwangloser Gruppen echter Bodendecker wie Taubnessel (etwa *Lamium maculatum* 'Beacon Silver'), *Rubus tricolor* oder Scheinbeere *(Gaultheria procumbens)*. Zahlreiche Kletterpflanzen wie *Clematis*, Geißblatt, Rosen oder Glyzinen lassen sich auch gut als Bodendecker verwenden. Wenngleich sie nicht dicht genug werden, um das Nachwachsen von Unkraut zu verhindern, so bieten sie auf diese Art gezogen doch einen äußerst attraktiven Anblick.

Dicht gesetzte Sträucher und Stauden sind das wirkungsvollste Mittel, Unkraut zu unterdrücken und den Zeitaufwand für das „Putzen" des Gartens spürbar zu reduzieren. Selbst für schattige Gärten lassen sich zahlreiche Arten finden, die bei minimalem Licht gedeihen und durch Formenvielfalt und interessant beschaffenes Laub erfreuen. (oben)

Ein gepflasterter Boden stellt eine sehr pflegeleichte Oberfläche dar, insbesondere im Vergleich zu Rasen. Die Farbe der Platten bildet die perfekte Ergänzung zu den Tönen der Pflanzen und lässt somit eine einheitliche Wirkung entstehen. Ihre schlichten Linien setzen einen wohltuenden Kontrast zum üppigen Charakter des Blattwerks. (unten)

Romantisches Idyll

Der romantische Innenhof spricht Gefühle wie Sinne gleichermaßen an. Er ist ein Garten von starker persönlicher Prägung, ein lauschiger, behaglicher Ort, an den man sich gern zurückzieht, um dem Alltag für ein Weilchen zu entfliehen.

Rosa- und Weißschattierungen umgeben einen abgeschiedenen Sitzplatz mit Blick über einen Teich. Die schlichten Linien des Holzbodens wie auch seine organische Beschaffenheit und Farbe tragen zur friedlichen Stimmung bei. (ganz oben)

Ein mit *Clematis* geschmückter Bogen lässt einen flüchtigen Blick auf den grünen Rückzugsort jenseits der Mauer zu. Gelungene romantische Pflanzungen setzen besonders auf sanfte Formen und subtile Farbgebung. (oben)

Eine geschützte Idylle fernab der Welt ist für romantische Augenblicke ein idealer Ort. Abends wird er vom sanften Kerzenschein großer Messinglaternen erhellt. Wer sich mehr Privatsphäre wünscht, kann das Gerüst mit Kletterern begrünen. (gegenüber)

Was das Wesentliche eines romantischen Innenhofes ausmacht, lässt sich mit dem Begriff „Zufluchtsort" sehr anschaulich beschreiben. Jeder von uns braucht gelegentlich etwas Abstand zu den Dingen, die uns Sorge bereiten. Ein geheimnisvoll wirkender Garten, der Ruhe und Frieden vermittelt, bietet da eine wunderbare Möglichkeit, sich vor der Welt zurückzuziehen. Hier können wir allein sein oder uns den Menschen widmen, die uns nahe stehen. Das setzt natürlich ein gewisses Maß an Privatsphäre und Abgeschiedenheit voraus. Ein romantischer Innenhof sollte daher vor Blicken aus der Nachbarschaft geschützt sein und kleine intime Winkel ebenso bereithalten wie Raum für Geselligkeit und Unterhaltung.

Hohe Einfriedungen schirmen den Garten gegen Einflüsse von außen ab; für zusätzlichen Sichtschutz sorgen mit Kletterpflanzen berankte Spalierpaneele auf Zäunen oder Mauern. Gegen neugierige Blicke von oben helfen verschiedenste Vorrichtungen, die die Sicht verwehren. Frei stehende Gebäude wie etwa Pavillons stellen für sich bereits attraktive Gestaltungselemente dar. Etwas weniger massiv wirkt eine Pergola, die unter einem Dach aus duftenden Kletterpflanzen ein halbschattiges, lauschiges Plätzchen entstehen lässt. Metallkonstruktionen mit farbenfroher Textilbespannung bringen eine eher exotische Note ins Spiel. Für das Gerüst können die unterschiedlichsten Formen gewählt werden, etwa ein Kreuzfahrer-

zelt oder eine Art Segel. Gleichsam ein lebendes Bauwerk bilden Schösslinge, die zu einer grünen Laube geflochten werden.

Bequeme Sitzmöglichkeiten oder Kissen, die auf dem (trockenen) Boden ausgebreitet sind, lassen den lauschigen Ort noch romantischer wirken, während Musik und gedämpftes Kerzenlicht auf sanfte Weise die Sinne anregen. Auch von Pflanzen kann romantische Stimmung ausgehen: Grün ist eine beruhigende Farbe, und ein Hintergrund aus Blattwerk tut dem Auge ungemein wohl. Farben und Düfte von Blüten hingegen können in hohem Maße Vorstellungen und Erinnerungen heraufbeschwören. Eine wichtige Rolle spielen auch winterblühende Pflanzen, wie etwa Zaubernuss *(Hamamelis)* oder verschiedene Mahonien- und Schneeballarten. An milden Tagen locken sie ins Freie, heben aber auch vom Haus aus betrachtet bereits die Stimmung. Auf keinen Fall darf der Anblick und/oder der Klang sanft plätschernden Wassers fehlen. Und natürlich kann die romantische Wirkung durch Assoziationen ganz persönlicher Natur verstärkt werden – vielleicht ein Andenken an den Ort, an dem man sich kennen gelernt hat, oder Pflanzen, die an geliebte Menschen denken lassen oder an einen wunderbaren Urlaub erinnern.

Der auf Seite 77 abgebildete Plan verbindet Romantik und Abgeschiedenheit mit ganzjährig interessanter Bepflanzung und der Möglichkeit zu geselligem Beisammensein. Am Haus (im Plan oben) bietet eine ge-

pflasterte Fläche hinreichend Platz für Tisch und Stühle. Hinter dem berankten Spalier tut sich ein intimer Winkel mit Raum für Zweisamkeit auf. Etwas versteckt platziert und mit Kübelpflanzen umgeben ist die Gartenliege (mit Platz für zwei). Die Bepflanzung bietet zu jeder Jahreszeit attraktive Blickfänge. Da der Plan für einen Innenhof mit sehr mildem Klima entworfen wurde, befinden sich darunter auch einige frostempfindliche Arten. Viele Pflanzen gefallen nicht nur durch interessante Formen, sondern auch durch wunderbaren Blütenduft. Ein etwas entfernt installiertes Wasserspiel untermalt die entspannte Atmosphäre mit seinem beruhigenden Plätschern.

Den Hintergrund für die Beete bildet eine dunkelgrüne Eibenhecke, umspielt von einer lebhaft scharlachroten, rankenden Kapuzinerkresse *(Tropaeolum speciosum)*. Zwei Rankbögen, die unter den langen, üppigen lila und weißen Blütentrauben stark duftender Glyzinen beinah verschwinden, führen zu einem Durchgang in der Hecke. Mit dem Wechsel des Bodenbelages, Kies statt Pflasterstein, soll der Übergang von einem Gartenbereich zum nächsten angedeutet werden. Ein dritter Bogen, von einem intensiv duftenden Sternjasmin *(Trachelospermum asiaticum, etwas frostempfindlich)* berankt, leitet schließlich zu einem altmodischen kleinen Schwingtor über, das jeweils nur eine Person durchlässt.

Dahinter beginnt erneut das Pflaster, was eine gewisse Kontinuität gewährleistet; die Atmosphäre ist hier jedoch noch privater. Die grüne Weidenlaube, durchwebt von süß duftendem Jasmin (hier der empfindliche *Jasminum officinale*, für rauere Lagen ist *J. × stephanense* eher geeignet), bildet ein wunderbares Versteck. Dach und Seitenwände der Laube rahmen den Blick in den Garten –

insbesondere auf das erhöhte Beet und die Statue des Herkules, das Pendant zu jener der Göttin Flora im vorderen Gartenteil. Das erhöhte Beet wirkt naturnah, große Steine setzen interessante Akzente. Im Winter gleichsam einsame Wächter des Gartens, erheben sie sich im Sommer über einem grünen Teppich aus verschiedenen Funkien und Farnen. Das Wasserspiel bildet mit seinen kurvigen Linien einen interessanten Gegensatz zu den eckigen Steinformen; darüber hinaus sorgt es für beruhigendes Hintergrundplätschern.

In der gesamten Pflanzung wurde auf ganzjährige Attraktivität geachtet, mit besonderer Betonung der Duftkomponente. Die Sträucher bilden das Gerüst; als winterlicher Blickfang dient eine Zaubernuss *(Hamamelis mollis)*, während eine gelbe Azalee *(Rhododendron luteum 'Julie')* und Maiglöckchen *(Convallaria majalis)* im Frühjahr duftende Blüten hervorbringen. Im hinteren Beet liegt der Akzent auf duftenden gelben Blüten, die im Sommer schön mit den grünen Farnwedeln kontrastieren und für den gesamten Bereich eine wunderbare Kulisse abgeben.

Die Statue einer verträumten Schönheit vermag die romantische Note eines Innenhofgartens wunderbar zu betonen. Umgeben von duftenden Rosen, stellt sie den Inbegriff von Anmut und Ruhe dar und ein Sinnbild der Dauerhaftigkeit der Liebe. (oben)

Herbstanemonen *(Anemone × hybrida)* sind ein Beispiel für die Art von Pflanzen, die sich für einen romantischen Garten besonders gut eignen. Sie sind in verschiedenen Farbtönen von Weiß über Rosa bis Weinrot erhältlich. Ihre Blüten besitzen genau das richtige Erscheinungsbild für diesen Stil – elegant, aber nicht auffallend. (Mitte)

Zeitbewusstsein vermittelt dieser verwitterte, von Flechten überkrustete Pferdekopf. Neben dem Bildnis der jungen Frau ein weiteres überzeugendes Beispiel dafür, wie gut sich klassische Themen in den Rahmen eines romantischen Innenhofes einfügen lassen. (unten)

Pflanzen für einen romantischen Innenhof

1 Trompetenblume *(Campsis radicans)*

2 Rose *(Rosa* 'Maigold'*)*

3 Bergwaldrebe *(Clematis montana)*

4 Geißklee *(Cytisus battandieri)*

5 Schopflavendel *(Lavandula stoechas)*

6 Indisches Blumenrohr *(Canna indica)*, rot

7 *Yucca whipplei*

8 Nelke *(Dianthus* 'Musgrave's Pink'*)*

9 Waldgeißblatt *(Lonicera periclymenum* 'Graham Thomas'*)*

10 Waldrebe *(Clematis armandii)*

11 Gartenthymian *(Thymus vulgaris)*

12 *Stauntonia hexaphylla*

13 Schmetterlingsstrauch *(Buddleja davidii* 'Black Knight'*)*

14 Herbstanemone *(Anemone × hybrida)*, rosa

15 Perückenstrauch *(Cotinus coggygria* 'Notcutt's Variety'*)*

16 Rittersporn *(Delphinium* 'Mighty Tom'*)*

17 *Rhododendron yakushimanum* 'Koichiro Wada'

18 Nelke *(Dianthus* 'Haytor White'*)*

19 Seidelbast *(Daphne mezereum)*

20 Fingerhut *(Digitalis × mertonensis)*

21 Sternjasmin *(Trachelospermum asiaticum)*

22 Glyzine *(Wisteria floribunda)*

23 Glyzine *(Wisteria floribunda* 'Alba'*)*

24 Königslilie *(Lilium regale)*

25 Pfeifenstrauch *(Philadelphus* 'Erectus'*)*

26 Kaukasus-Storchschnabel *(Geranium renardii)*

27 Zistrose *(Cistus × cyprius)*

28 Hasenglöckchen *(Hyacinthoides non-scripta)*

29 Zaubernuss *(Hamamelis mollis)*

30 Eibe *(Taxus baccata)*

31 Kapuzinerkresse *(Tropaeolum speciosum)*

32 Echter Jasmin *(Jasminum officinale)*

33 Echter Jasmin *(Jasminum officinale* 'Aureum'*)*

34 Rose *(Rosa* 'Indigo'*)*

35 Taglilie *(Hemerocallis lilioasphodelus)*

36 Alant *(Inula hookeri)*

37 Kalifornische Zistrose *(Carpenteria californica)*

38 Funkie *(Hosta* 'Halcyon'*)*

39 Hirschzunge *(Asplenium scolopendrium)*

40 Straußenfarn *(Matteuccia struthiopteris)*

41 *Dicksonia antarctica*

42 Wurmfarn *(Dryopteris filix-mas)*

43 Funkie *(Hosta undulata* 'Albo-marginata'*)*

44 Funkie *(Hosta sieboldii)*

45 Azalee *(Rhododendron luteum)*

Reiche Ernte

Ein Nutzgarten besitzt unbestreitbare Vorteile gegenüber einem reinen Ziergarten: Nicht genug damit, dass er köstliche Früchte hervorbringt, er bietet zudem ein ständig wechselndes Bild – und ist damit mindestens so reizvoll wie ein Garten, der von Sträuchern und Stauden nur so überquillt.

Wer Obst und Gemüse selbst anbaut, weiß um das beglückende Gefühl, noch sonnenwarme Tomaten vom Stock zu pflücken oder die ersten neuen Kartoffeln auszugraben; ein Vergnügen, nur noch übertroffen vom Genuss der frischen Ernte aus dem eigenen Garten. Viel Freude bereitet auch die große Auswahl an Früchten, Gemüsesorten und Kräutern, die angebaut werden können. Alljährlich lässt sich so mit neuen Früchten und Rezepten experimentieren. Eigenanbau bietet auch die Chance, genetisch nicht manipuliertes Saatgut auszuwählen, alte, schmackhaftere Sorten anzubauen oder den Garten organisch zu bearbeiten. Überdies kann man Kindern nirgends die Welt des Gartens und Kochens näher bringen als im eigenen Garten; hier können sie den gesamten Prozess – vom Saatgut bis zur Grünen Soße – miterleben.

Plant man einen Obst- und Gemüsegarten, liegt der Gedanke nahe, die gesamte vorhandene Fläche für den Anbau zu nutzen. Diese Möglichkeit wurde erstmals im 16. Jahrhundert in Frankreich voll ausgeschöpft – mit der Konzeption des *potager*. Dem Wortsinne nach ein „Küchengarten", bezeichnet der Begriff heute einen dekorativen Gemüsegarten. Das vielleicht herausragendste Beispiel finden wir in Villandry an den Ufern der Loire. In neun quadratischen Beeten, eingefasst von niedrigen Buchshecken und Kieswegen, präsentiert sich hier eine raffinierte Zusammenstellung aus farbenprächtigen Gemüsesorten, aromatischen Kräutern, Spalierobst und bunten Blumen.

Villandry ist natürlich eine weitläufige Anlage, doch lässt sich das Konzept des formalen *potager* ebenso in einem Innenhof realisieren. Dies ist jedoch nicht die einzige Möglichkeit, einen Nutzgarten-Hof zu gestalten. Wertvolle Anregungen liefern auch die Klostergärten des europäischen Mittelalters: Hier fanden sich häufig Hochbeete, die nicht nur attraktiv sind, sondern den Garten auf wirkungsvolle Art gliedern. Sie können aus Holz, Weidengeflecht, Ziegeln oder gestrichenen Betonblöcken bestehen und verschiedenste Formen aufweisen. Die baulich einfachste Variante stellen allerdings Rechtecke oder Quadrate dar. Als Alternative bieten sich ebenerdige Beete an, mit niedrigen Hecken oder Zäunen eingefasst oder einfach durch Wege abgegrenzt. Letztere sollten einen festen Belag erhalten, um die Bodenverdichtung im Winter gering zu halten und um sie leicht mit dem Schubkarren befahren zu können.

Bei der Bepflanzung eröffnen sich sogar noch mehr Gestaltungsmöglichkeiten. Reihen mit verschiedenen Gemüsesorten sehen immer hübsch und ordentlich aus, insbesondere wenn sie in Höhe und Blattform variieren. Pflanzt man in Blöcken, ergibt sich ein Teppich-Effekt, während Gruppen oder lockere Bänder zwanglos wirken.

Was auf den ersten Blick wie ein Sträucher- und Blumengarten wirkt, entpuppt sich bei näherem Hinsehen als Garten mit hauptsächlich Kräutern, Gemüse und Obst – Essbares kann also durchaus dekorativ sein. (rechts)

Es ist keineswegs notwendig, den gesamten Innenhof für Nutzpflanzen zu reservieren. Mit Zierpflanzen kombiniert, wirken Obst und Gemüse ebenso eindrucksvoll wie ungewöhnlich. Am besten beginnt man an den Mauern mit Obstspalieren in verschiedenen Formen. Warme, sonnige Standorte sollten dabei empfindlichen Arten wie Pfirsichen, Aprikosen oder Feigen vorbehalten bleiben. Einen wunderbaren Wandschmuck bilden auch rankende Brombeeren oder Weinreben. In Beeten und Rabatten setzen Obststräucher markante Akzente, während die roten Blüten und das frisch grüne Laub der Stangenbohnen eine prächtige Kulisse abgeben, ebenso auch eine kurzlebige Hecke. Kräuter passen sich überall ein. Mit runden Kohlköpfen, krausen Lollo-Rosso-Blättern und fedrigem Möhrengrün kommen neue Blattformen und -strukturen ins Blumenbeet. Für Farbtupfer sorgen Nachtschattengewächse wie Tomaten (rot, grün oder gelb) oder Gemüsepaprika.

Die anmutige frostempfindliche, daher meist einjährig gezogene Kardone *(Cynara cardunculus)* – eine Verwandte der Artischocke – fällt durch exotische Blätter und stahlblaue Blüten auf. Viele Kürbisgewächse – Flaschenkürbis, Gartenkürbis, Zucchini usw. – mit eindrucksvollem Laub, leuchtenden Blüten und exotisch wirkenden Früchten können als Bodendecker oder an einem Rankgerüst gezogen werden. Selbst in den kleinsten Ziergarten passt noch eine Ampel mit Kräutern oder kriechenden Tomatensorten.

Der Plan auf Seite 83 verbindet das Schöne mit dem Nützlichen – ein formaler Entwurf, bepflanzt mit Obst und Gemüse. An den Mauern, der besseren Licht- und Wärmeausbeute wegen weiß gekalkt, finden sich Obstspaliere, als Fächer oder Kordon erzogen – kleine Kunstwerke ganz eigener Art. Die kleinen Rundbeete beim Haus sind für Obststräucher (Schwarze Johannisbeere und Stachelbeere) und Erdbeeren reserviert. Sie flankieren einen Bereich für Tisch und Stühle, wo man die Früchte der Arbeit bewundern und natürlich auch genießen kann. Die Rundbeete auf der anderen Seite des Gartens sind mit Salat bepflanzt. Im Winter und Frühling könnten hier kurzlebige Blütenpflanzen gesetzt werden, die den kahlen Boden verdecken und Farbe ins Bild bringen. Der Plan ist nicht als starre Vorlage aufzufassen; die Beete können mit völlig anderen Gemüsesorten bepflanzt werden und sogar Schnittblumen umfassen oder Duftwicken *(Lathyrus odoratus)*, die die Stangenbohnen und Gurken an den dekorativen Rankgerüsten ersetzen.

Der zentrale Kreis mit Hochbeeten und gepflastertem Wegenetz (am Schnittpunkt ein Mosaik mit Labyrinthmuster) ist betont interessant gestaltet. Die Pfosten und Seile geben Höhe und Struktur und lassen sich mit Kletterpflanzen wie Kletterrosen, *Clematis* oder Geißblatt begrünen. Denkbar sind auch rankende Obstsorten, etwa Brombeeren oder Loganbeeren, oder eine Mischung aus beiden. Die vier Viertel sind für Gemüse und Kräuter bestimmt. Ihre geringe Größe erleichtert die Bearbeitung, doch gibt es noch einen weiteren

Grund für die Zahl der Beete: Jahrelanger Anbau ein und derselben Art laugt auf Dauer den Boden aus, was Schädlingsbefall und Krankheiten nach sich zieht. Um dem entgegenzuwirken, ist hier eine vierjährige Fruchtfolge vorgesehen: Pro Beet wird Gemüse einer einzigen Gruppe gezogen, in der darauf folgenden Vegetationsperiode rückt jede Gruppe ein Beet weiter (nach rechts oder links). Zu Beginn des fünften Jahres beginnt das Ganze von vorn. Im unten stehenden Kasten sind die vier Fruchtgruppen mit einigen Beispielen aufgeführt.

Diese Blattwerk-„Montage" aus verschiedenen Kohlsorten ist geradezu eine Studie spannender und exotischer Formen, Texturen und Farben. Aufgelockert wird die Pflanzung durch die filigranen Blätter und weißen Blüten der Kosmeen. (oben)

Geschickte Kombinationen – ungewöhnliches Design: Die Rankgerüste aus Eisen bieten Platz für rote Stangenbohnen und Wicken, die wunderbar mit der Unterpflanzung aus Begonien und Erdbeeren harmonieren. (gegenüber)

Kräuter ergeben in jeder Zusammenstellung ein reizvolles Bild – ganz besonders in Verbindung mit dekorativen Stauden. (unten)

Hülsenfrüchte	Zwiebelpflanzen	Nachtschatten-gewächse und Sellerie	Kohlsorten
Dicke Bohnen, grüne Bohnen, Stangen-bohnen, Limabohnen, Erdnüsse, Erbsen, Okra	Speisezwiebeln, Frühlingszwiebeln, Schalotten, Perlzwie-beln, Lauch, Knoblauch, Winterheckenzwiebeln	Tomaten, Gemüse-paprika, Auberginen, Stangen- und Knollen-sellerie	Pak Choi, Blumenkohl, Weiß- und Rotkohl, Rosenkohl, violetter Brokkoli, Kohlrabi, Chinakohl

Pflanzen für einen Nutzgarten-Innenhof

1 Pfirsichbaum *(Prunus persica)*
2 Feigenbaum *(Ficus carica)*
3 Feuerbohne *(Phaseolus coccineus)*
4 Gurke *(Cucumis sativus)*
5 Birnbaum *(Pyrus communis)*
6 Salat *(Lactuca sativa* 'Cos')
7 Salat *(Lactuca sativa* 'Lollo Rosso')
8 Salat *(Lactuca sativa* 'Butterhead')
9 Spinat *(Spinacia oleracea)*
10 Rauke *(Eruca vesicaria)*
11 Tomate *(Lycopersicon esculentum)*
12 Radieschen *(Raphanus sativus)*
13 Zwiebel *(Allium cepa)*
14 Aprikose *(Prunus armeniaca)*
15 Apfel *(Malus domestica)*
16 Pastinak *(Pastinaca sativa)*
17 Möhre *(Daucus carota)*
18 Kartoffel *(Solanum tuberosum)*
19 Basilikum *(Ocimum basilicum)*
20 Oregano *(Origanum vulgare* ssp. *hirtum)*
21 Weiße Rübe *(Brassica rapa* Rapifera-Gruppe)
22 Rosenkohl *(Brassica oleracea* Gemmifera-Gruppe)
23 Weiß- oder Rotkohl *(Brassica oleracea* Capitata-Gruppe)
24 Petersilie *(Petroselinum crispum)*
25 Gartenthymian *(Thymus vulgaris)*
26 Dicke Bohne *(Vicia faba)*
27 Erbse *(Pisum sativum)*
28 Stangenbohne *(Phaseolus vulgaris)*
29 Pfefferminze *(Mentha × piperita)*
30 Dill *(Anethum graveolens)*
31 Pflaume *(Prunus domestica)*
32 Knoblauch *(Allium sativum)*
33 Lauch *(Allium porrum)*
34 Koriander *(Coriandrum sativum)*
35 Majoran *(Origanum majorana)*
36 Gartenerdbeere *(Fragaria × ananassa)*
37 Schwarze Johannisbeere *(Ribes nigrum)*
38 Stachelbeere *(Ribes uva-crispa)*

Dieser Innenhof wird zur Reifezeit reiche Obst- und Gemüseernten einbringen. Wer jedoch bereits zu einem früheren Zeitpunkt ernten möchte, sollte an einem sonnigen Standort Platz für ein Gewächshaus und/oder ein Frühbeet einplanen. Doch unabhängig davon, ob der gesamte Hof zum Nutzgarten wird oder nur vereinzelte Nutzpflanzen in einen bereits bestehenden Garten integriert werden, sind den kreativen und reizvollen Möglichkeiten des Gärtnerns mit Nutzpflanzen kaum Grenzen gesetzt. Was immer man anbaut, der Genuss der Früchte aus dem eigenen Garten beschert Zufriedenheit und Stolz auf das Erreichte – und vielleicht sogar eine gewisse Genugtuung darüber, auch etwas Geld gespart zu haben, denn Selbsterzeuger leben auf jeden Fall billiger.

Dieser formale Kräutergarten erinnert entfernt an einen Knotengarten. Es weht ein Hauch von Renaissance durch den Garten, was durch die Verwendung der alten Kessel als Pflanzgefäße noch verstärkt wird. (oben links)

Dank ihrer ungewöhnlichen Beschaffenheit und Farbe bildet die verfallende Hauswand einen eindrucksvollen Hintergrund für diese ausgewogene Komposition aus Küchenkräutern. Die teppichartigen Polster verschiedener Thymianarten, purpurroter Salbei und aufrechter Engelwurz werden jeweils in einem eigenen Beet gezogen, dennoch verschmelzen sie zu einem Bild schönster Harmonie. (links)

Einladungen

Ein Innenhof, der Raum für das Beisammensein mit Gästen bietet, gleicht zwei Gärten in einem – er ist ein Ort für einen schönen Abend mit Familie und Freunden, zugleich aber auch ein friedliches Fleckchen zum Entspannen, sobald wieder Ruhe eingekehrt ist. Behält man bereits bei der Planung die Bedürfnisse von Gästen wie Gastgebern gleichermaßen im Auge, entsteht am Ende ein Garten, der beide Funktionen perfekt erfüllt.

Ein Ort für geselliges Beisammensein im Freien ähnelt einem Wohnraum mit Wänden, Boden, Möbeln und Dekorationen – und dem Himmel als Decke. Gelungene Einladungen setzen eine passende Umgebung voraus. Es lohnt sich, einmal darüber nachzudenken, wie Menschen und Einrichtungsgegenstände zusammenwirken und wie viel Platz – bezogen auf eine durchschnittlich große Person – ein Möbelstück benötigt: So sollte man etwa einen Esstischstuhl wie in einem Esszimmer bequem zurückschieben können, und man muss um ihn herumgehen können, ohne den Tischnachbarn zu behindern.

Duftende Pflanzen, gedämpftes Licht, Musik und bequeme Sitzmöglichkeiten – Sessel aus Holz, schmiedeeiserne Stühle, Steinbänke oder auch Teppiche und Kissen auf dem Boden – schaffen den Rahmen für entspannte Unterhaltung. Wer gern im Freien speist, hat die Wahl zwischen einem stabilen Tisch, der zugleich als Dekorationsstück dient, oder einem schlichten tragbaren Klapptisch, der nach dem Essen wieder verstaut wird.

Markisen, Sonnenschirme, Sonnendächer oder Bäume bieten den Gästen Schutz vor der Sonne. Eine wesentliche Rolle spielt Beleuchtung; warmes, gedämpftes Licht verbreiten Kerzen, hier eignen sich insbesondere solche, die Insekten fern halten. Abgehärtete Naturen,

Freundlich und einladend: In dieser überdachten Essecke fühlen sich Gäste sofort zu Hause. Der Tisch ist so platziert, dass sich der Ausblick optimal genießen lässt, während das aquamarinblaue Schwimmbecken verlockend kühl wirkt. (rechts)

Schutz vor der Mittagshitze vermag dieses Ziegeldach zu bieten, unter dem weich gepolsterte Holzbänke zum Sitzen, Ausruhen und gemütlichen Beisammensein einladen. Die Theke mit integrierter Bar erhöht entschieden den Komfort: Sie erspart es dem Gastgeber, für den Nachschub weite Wege zurücklegen zu müssen. (unten)

Eine doppelte Baumreihe grenzt den Essbereich ab und sorgt mit ihrem Blätterdach für angenehmen Schatten. Durch die raffinierte Verwendung eines Spiegels wirkt der Garten wesentlich größer. Er steht dem Tisch frontal gegenüber, welcher an sich bereits ein imposantes Stück ist. (rechts)

In üppiges exotisches Blattwerk gehüllt, lädt dieser versteckte Rückzugsort zu Mahlzeiten im Freien ein. Die schlichten, aber reizvollen Holzmöbel zeigen bereits erste Spuren von Verwitterung, wodurch sie nur umso besser zu dem erhöhten Holzdeck passen. (gegenüber rechts)

Locker verteilte bunte Kissen und eine Mauer mit auffallendem Anstrich setzen Kontraste zu den zurückhaltenderen Holz- und Bambustönen. Die Gestaltung dieses Innenhofes ist deutlich tropisch geprägt, was durch die ausdrucksstarke Bepflanzung noch betont wird. (links)

Dieses kleine Eckchen bietet Platz für ein intimes Essen zu zweit. Dunkelgrünes Efeu liefert den perfekten Rahmen für die schwarzen schmiedeeisernen Möbel. Nach Einbruch der Dunkelheit sorgen eine Wandlampe und Kerzen für ausreichend Helligkeit. (oben)

Textur und Struktur tragen beträchtlich zur formalen Eleganz dieses Innenhofgartens bei (auch auf Seite 9 zu sehen). Tischplatten aus Glas verstärken nicht nur das zur Verfügung stehende Licht, sondern bieten auch reflektierende Oberflächen, die das Bodenpflaster mit dem umgebenden Grün und dem Himmel verschmelzen lassen. (gegenüber)

die auch bei kühlem Wetter gern draußen sind, können einen Gasofen installieren. Da der Platz meist begrenzt ist, müssen einzelne Stücke mitunter mehrere Funktionen übernehmen. Eine Sitzbank aus Beton kann durchaus zugleich ein Kunstobjekt sein; ein Marmortisch dient als Stellplatz für Topfpflanzen wie auch als Esstisch; fest installierte Bänke bieten Stauraum; und Kräuter schmecken nicht nur, sondern duften auch gut und sind hübsch anzusehen.

Pflanzen, so reizvoll sie für sich genommen bereits sind, können zusätzlich als Willkommensgruß eingesetzt werden. Für die unmittelbare Umgebung von Sitz- und Essecken eignen sich vorzugsweise Exemplare, die einen intensiven Duft verströmen. Die Auswahl sollte sich auf Arten konzentrieren, die dann blühen, wenn der Garten am meisten genutzt wird – etwa duftende Rosen im Sommer, oder in warmen Gegenden Levkojen *(Matthiola longipetala)* für die Abendstunden oder köstlich duftender Ziertabak *(Nicotiana)*. Ungewöhnliche Pflanzen, in einiger Entfernung platziert, locken die Gäste an und laden ein, auch andere Bereiche des Gartens zu erkunden.

Der Plan zeigt einen Innenhof, der für Geselligkeiten verschiedenster Art konzipiert wurde. Tritt man vom Haus ins Freie, befindet man sich unmittelbar im Koch- und Essbereich. Etwas weiter entfernt zur Linken lädt eine Rasenfläche zum Entspannen ein. Um die beiden Bereiche optisch zu verbinden und eine ruhige Atmosphäre zu schaffen, erhielten die Mauern einen zartrosa Anstrich.

Die Bepflanzung ist in Weiß, sanftem Blau sowie Rot- und Rosatönen gehalten, dazu kommt hier und da ein Blickfang wie Fingerkraut *(Potentilla fruticosa* 'Red Ace'), Irische Säuleneibe *(Taxus baccata* 'Fastigiata') oder Blumenhartriegel *(Cornus florida)*. Zahlreiche Arten besitzen duftende Blüten oder Blätter, so etwa Lavendel, den man bei Betreten und Verlassen des Hauses unabsichtlich streift, und die Portland-Rose 'Indigo'. Das rosa Farbthema wird in der Essecke aufgegriffen: Um den Tisch herum zieht sich ein Ring aus rosa Granitsteinen, von dem vier Speichen strahlenförmig zu vier mit Kräutern bestückten Pflanzkübeln in rosa Granit abgehen. Die Farbe Weiß findet sich im weißen Granit des Bodenbelags wieder, ebenso in der blendend weißen Rinde der vier Birken *(Betula utilis* var. *jacquemontii* 'Silver Shadow')*. Letztere spenden dem Tisch tagsüber Schatten und bilden ein lauschiges Blätterdach, durch das nachts das Funkeln einzelner Sterne zu sehen ist. Ein Tisch mit einer dicken, eisblau schimmernden Glasplatte bildet den Blickfang im Essbereich.

Farblich abgerundet wird das Bild durch die beiden bogenförmigen Lauben an den Schmalseiten des Gartens: Die eine ist von einer weißen Glyzine umrankt und gerahmt von weißem Lavendel, während die andere in Blau gehalten ist. Dieses Stilmittel gibt der Gestaltung zugleich Geschlossenheit. Die Kochecke vor der Mauer ist mit einem Grill und einem bienenkorbförmigen Ofen aus Terrakotta ausgestattet, auch an eine Arbeitsfläche wurde gedacht. Am Ende eines gemütlichen Abends lässt sich das gesamte Gartenzubehör – Klappstühle, Sitzkissen, Decken und Kochutensilien – in wasserdichten Holzkisten verstauen, die sich unter den Sitzflächen in den Lauben verbergen.

Pflanzen für einen Innenhof, in dem Gäste bewirtet werden

1 Irische Säuleneibe *(Taxus baccata* 'Fastigiata')
2 *Iris* 'Carnaby'
3 *Iris* 'Early Light'
4 *Iris* 'Flamenco'
5 *Iris* 'Stepping Out'
6 Rose *(Rosa* 'Coral Dawn')
7 Indianernessel *(Monarda* 'Croftway Pink')
8 Fingerkraut *(Potentilla fruticosa* 'Red Ace')
9 Taglilie *(Hemerocallis* 'Stafford')
10 Lorbeerbaum *(Laurus nobilis)*
11 Oregano *(Origanum vulgare)*
12 Weißrindige Himalajabirke *(Betula utilis* var. *jacquemontii* 'Silver Shadow')
13 Basilikum *(Ocimum basilicum)*
14 Rose *(Rosa gallica* 'Versicolor')
15 Ziertabak *(Nicotiana alata)*
16 Echter Lavendel *(Lavandula angustifolia* 'Alba')
17 Glyzine *(Wisteria sinensis* 'Alba')
18 Blumenhartriegel *(Cornus florida)*
19 Winde *(Convolvulus tricolor)*
20 Schnittlauch *(Allium schoenoprasum)*
21 Gartenthymian *(Thymus vulgaris)*
22 Echter Lavendel *(Lavandula angustifolia)*
23 Katzenminze *(Nepeta × faassenii)*
24 Rose *(Rosa* 'Indigo')
25 Rittersporn *(Delphinium* 'Blue Nile')
26 Königslilie *(Lilium regale)*
27 Glyzine *(Wisteria sinensis)*

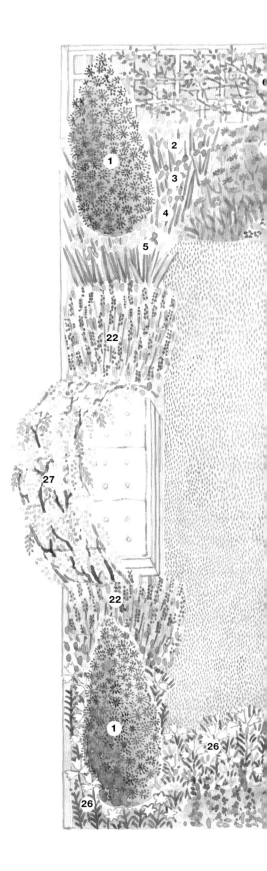

Spa-Gärten

Spa-Gärten sind der Entspannung und geselligen Unterhaltung gewidmet. Hier lassen sich in reizvoller Umgebung – einem attraktiven Garten, der jedem Geschmack und jedem Klima angepasst werden kann – wohltuende und gesundheitsfördernde Anwendungen genießen. Sorgfältig geplant, vermag ein solcher Innenhof auf äußerst attraktive Art das Praktische mit dem Dekorativen zu vereinen.

Ein Spa-Innenhof passt in jedes Klima – bei Minustemperaturen tut nächtliches Eintauchen in die sprudelnde Wärme eines heißen Bades ebenso gut wie die kurze mittägliche Abkühlung in einem Kaltwasserbecken bei 38 °C im Schatten. Das Sympathische an diesem Garten ist, dass er Freunden, Nachbarn und Verwandten einen Anreiz bietet, vorbeizuschauen und gemeinsam die Anwendungen zu genießen, zu plaudern und auszuspannen. Da die Bepflanzung minimal gehalten werden kann, ist auch der Pflegeaufwand sehr gering.

Der Spa-Innenhof wird zwar von den Wellness-Einrichtungen bestimmt – Sauna, heißes Bad, Dampfbad, Kaltwasserbecken und Dusche –, doch ist er auch ein Garten. Die Gestaltung muss diesem doppelten Zweck Rechnung tragen: Zum einen gilt es die Einrichtungen auszuwählen, die man nutzen möchte, zum anderen den Gestaltungsstil, in den diese integriert werden sollen. Hier bietet sich eine große Bandbreite an Möglichkeiten, da sich Spa-Einrichtungen in zahlreiche Gartenstile problemlos einfügen lassen. In Gegenden mit kalten Wintern eignet sich ein skandinavisch geprägtes Design am besten: Weiße Mauern, Holzböden (umweltfreundlicher Herkunft)

und geschützte Ecken lassen zusammen mit architektonischen Pflanzen traditionelle Atmosphäre aufkommen. Für eine japanische Note sorgen Bambusmatten an den Wänden und ein kleiner Zen-Garten mit Stein und Kies, was sich im Übrigen auch in Gegenden mit geringem Niederschlag ausgezeichnet macht. Ausgesprochen modern wirken dagegen Böden in getöntem Beton, Spiegel an den Wänden und Pflanzgefäße aus Edelstahl. Wer einen zwanglos gestalteten Garten mit vielen Blumen bevorzugt, plant einfach zwischen Blumenbeeten und Rasenfläche Platz für Wasserbecken ein. Damit diese nicht übermäßig verschmutzt werden, sollten lose Bodenbeläge wie Sand, Kies oder Rindenmulch möglichst vermieden werden.

Ist die Entscheidung über die Art der Anwendungen und den Stil des Gartens gefallen, heißt es beide Aspekte vereinbaren. Praktische Gesichtspunkte stehen hier im Vordergrund: Die Einrichtungen sollten vom Haus aus gut erreichbar sein, ebenso untereinander. Eine all-

So ein sprudelndes heißes Bad, zwischen exotischem Blattwerk versteckt, ist an kalten Winterabenden besonders verlockend. (gegenüber links)

Ziergräser fungieren hier als reizvolle lebende Sichtschutzwand, die den Schwimmbecken-Bereich und die Badenden vor neugierigen Blicken schützt. (links)

Mit seinem kühlen Blau bildet dieses Tauchbecken einen auffallenden Kontrast zu den Terrakottafliesen des Bodens. Die asymmetrische Beckengestaltung lockert die Rechteckform des Innenhofes auf, während die Bepflanzung die harten Kanten überspielt. Beides trägt dazu bei, dass die Fläche größer erscheint, als sie ist. (oben)

zu dichte Aufstellung ist allerdings ungünstig; besser ist es, etwas Raum für praktisch nutzbare Flächen zu lassen: als Zonen zum Verschnaufen und Abkühlen, zum Beisammensein, für Beete und Rabatten und als Standort für Zierobjekte wie Skulpturen. Da der Innenhof auch nachts genutzt wird, besteht die abschließende Aufgabe in der Installation der Beleuchtung, die sowohl Sicherheit als auch optische Effekte bieten soll.

Beete bilden einen wirkungsvollen Rahmen für die verschiedenen Wellness-Einrichtungen: Mit hinreichend großen Pflanzen bestückt, stellen sie optische Barrieren dar, die den Innenhof in eine Reihe von Erlebnisbereichen unterteilen und gleichzeitig mehr Privatsphäre schaffen. Ein Maximum an Erholung bei sehr geringem Pflegeaufwand bietet eine gemischte Pflanzung aus Sträuchern, Stauden und Zwiebelgewächsen. Noch pflegeleichter sind architektonische Solitärsträucher wie Korkenzieherhasel (*Corylus avellana* 'Contorta'), Hängeweiden (etwa *Salix babylonica* 'Tortuosa') oder Flanellstrauch (*Fremontodendron* 'California Glory', im mitteleuropäischen Klima als Kübelpflanze). Darunter pflanzt man Bodendecker oder bringt eine Mulchschicht aus Kies aus. Ein Kaltwasserbecken lässt sich sehr dekorativ durch einen Wassergarten ergänzen, mit Uferpflanzen wie Etagenprimeln, Funkien und Mädesüß (*Filipendula*). Damit keine Erde in das Becken gelangen kann, sollte es allerdings separat stehen. Einzelne Kübelpflanzen sind eine zusätzliche Bereicherung der Beete, und Pflanzen, die nachts angestrahlt werden, bieten immer einen fantastischen Anblick.

Der Plan zeigt ein skandinavisch beeinflusstes Design mit vielen chinesischen und japanischen immergrünen Solitärsträuchern. Der Innenhof ist mit einem geschlossenen weißen Bohlenzaun umfasst; Weiß und Holz prägen auch sonst die Gestaltung. Vor dem Haus befindet sich ein Holzdeck für gemeinsame Mahlzeiten und gemütliche Stunden. Das Deck liegt 15 cm über Bodenniveau, sodass Wasserabfluss und Luftzirkulation gewährleistet sind; der Unterboden besteht aus Beton oder Erde, abgedeckt mit einer wasserdurchlässigen, Unkraut unterdrückenden Polypropylenfolie. Eine von unten beleuchtete Birke (*Betula populifolia*) spendet dem flachen Holzdeck Schatten; bei Bedarf sorgt eine Markise für mehr Privatsphäre.

Weiße Granitsteine, ein Beet mit Uferpflanzen und einige Edelstahlcontainer mildern die Strenge des Holzbodens und geben der Gestaltung Höhe. Zur Mitte hin wird der Garten durch das asymmetrisch gestaltete Tauchbecken unterteilt, während das sich verschmälernde Holzdeck einlädt, durch das „Tor" aus Mahonien in Kübeln die andere Gartenhälfte zu betreten.

In diesem Teil des Gartens befinden sich, von Pflanzen umgeben und über Trittsteine in weißem Granitkies zugänglich, die Sauna aus einem großen Fass aus Redwoodholz und ein Warmbad, eingelassen in ein erhöhtes Holzdeck, zu dem zwei Stufen führen. Die Mischung aus immergrünen Sträuchern und Bodendeckern, von denen viele Blüten tragen und somit für jahreszeitliche Abwechslung sorgen, bildet ein eigenständiges Gestaltungselement. Darüber hinaus sorgt sie für weichere Linien und isoliert die einzelnen Wellness-Einrichtungen, was den Garten größer erscheinen lässt, als er tatsächlich ist.

Pflanzen für einen Spa-Innenhof

1 Duftveilchen *(Viola odorata)*

2 Dreimasterblume *(Tradescantia virginiana)*, weiß

3 Sternmagnolie *(Magnolia stellata)*

4 Spindelstrauch *(Euonymus fortunei 'Emerald 'n' Gold')*

5 Japanische Zierquitte *(Choenomeles japonica)*

6 Bambus *(Phyllostachys bambusoides 'Allgold')*

7 Zierkirsche *(Prunus subhirtella 'Autumnalis')*

8 Kamelie *(Camellia × williamsii 'Donation')*

9 Zaubernuss *(Hamamelis mollis)*

10 Mahonie *(Mahonia aquifolium 'Apollo')*

11 Bambus *(Phyllostachys nigra var. henonis)*

12 Bergkiefer *(Pinus mugo)*

13 Bambus *(Pleioblastus variegatus)*

14 Maiglöckchen *(Convallaria majalis)*

15 Spindelstrauch *(Euonymus fortunei 'Silver Queen')*

16 Chinesische Zierquitte *(Choenomeles speciosa)*

17 Mahonie *(Mahonia japonica)*

18 *Hakonechloa macra 'Aureola'*

19 Birke *(Betula populifolia)*

20 Neuseeländer Flachs *(Phormium tenax Purpureum-Gruppe)*

21 *Rubus tricolor*

22 *Dicksonia antarctica*

23 Primel *(Primula vialii)*

24 Funkie *(Hosta ventricosa)*

25 Straußenfarn *(Matteuccia struthiopteris)*

Die eckigen Umrisse des Beckens werden von Pflaster aus Naturstein nachgezeichnet, dessen Farbe wunderbar auf die blauen Fliesen abgestimmt ist. Bewegung und Kraft wohnen diesem Design inne. (links)

Der Holzboden, die Trennwand aus Holz und das erhöhte hölzerne Warmwasserbecken verleihen diesem Balkongarten ein sehr organisches Aussehen. Aufgegriffen und verstärkt wird der Effekt in den Tontöpfen, der Einfassung aus Stein und der architektonischen Bepflanzung. Vom Wasserbecken aus kann der Blick über das Geländer aus Glas und Stahl hinausschweifen. (gegenüber)

Der
Rahmen

Begrenzungen

Ein Innenhof bildet einen umschlossenen und privaten Raum, dessen Umfang und vertikale Ausdehnung durch die Begrenzungseinrichtungen markiert werden. Dieser dauerhafte Rahmen kann aus unterschiedlichstem Material bestehen. Da die Begrenzung so wesentlich für einen Innenhof ist, sollte sie auch bei der Gestaltung zuerst Berücksichtigung finden.

Bei einer Neugestaltung gibt das Thema des Gartens auch den Stil der Einfriedung vor: So eignen sich etwa Adobeziegel für einen trockenen Innenhof, ein dichter Lattenzaun für einen Spa-Garten nach skandinavischem Vorbild oder Wellblech für ein futuristisches Design. Allerdings wird sich nicht jeder auf einen bestimmten Stil – zum Beispiel romantisch oder klassisch – festlegen wollen. In diesem Fall empfehlen sich entweder Baustoffe, die mit dem Haus harmonieren und drinnen und draußen miteinander verbinden, oder heimische Materialien, etwa Steine oder Hölzer aus der Umgebung. Wer einen Garten innerhalb bestehender Begrenzungen neu anlegt, kann die Einfriedung dem eigenen Stil anpassen: Mauern und Zäune bekommen einen farbigen Anstrich, Durchbrüche sorgen für Aussicht, und Kletterpflanzen bedecken senkrecht aufragende Flächen.

Eine Grenz„mauer" aus Edelstahl – ungewöhnlich, aber eindrucksvoll. Die Spaliere sind unerlässlich, wenn die Wand begrünt werden soll, denn bei extremen Temperaturen wird das Metall leicht so heiß oder kalt, dass die Pflanzen bei Berührung Schaden nehmen würden. (oben)

Zum festen Rahmen eines Innenhofgartens zählen oft auch vertikale Abschirmungen, die als Raumteiler fungieren. Für sie gilt das Gleiche wie für Grenzmauern und -zäune: Sie sollten zum Thema des Gartens passen. So erinnern beispielsweise Eibenhecken an die Arts-and-Crafts-Gärten des frühen 20. Jahrhunderts, während sich ein Sichtschutz aus Bambus besonders für Innenhöfe im japanischen Stil eignet. Auch mit modernen Materialien lässt sich die Stimmung einer vergangenen Epoche vermitteln; das Pflanzschema kann so entworfen werden, dass Sträucher, Bambus und andere Gehölze mit der Zeit zu einer lebenden Abschirmung zusammenwachsen (s. S. 104).

Umfriedungen und Innenaufteilungen erfordern Ein- und Durchgänge. Tore in Begrenzungsmauern oder -zäunen ermöglichen nicht nur den Zugang von außen, sie können auch eine Art Rahmen für den Blick hinaus in die Landschaft jenseits der privaten Welt schaffen. Trennwände und Abschirmungen innerhalb des Hofes lassen sich ebenfalls öffnen, etwa mit Bögen, Pergolen und Tunnel- oder Laubengängen. Solche Durchgänge laden zum Flanieren ein und sorgen darüber hinaus für Abwechslung und interessante Gestaltungsaspekte.

Die schlangenartig gewundene Mauer zaubert faszinierende Schatten in diesen mediterranen Innenhof. Sie bildet zudem einen wirkungsvollen Kontrast zu der architektonischen Gestalt der Yuccas. Mit ausgeklügelter Bepflanzung und exaktem Schnitt lässt sich auch eine Hecke von ähnlich geschwungener Form anlegen. (rechts)

Alltägliche Baumaterialien wie Gerüststangen oder Wellblech sind preiswert und lassen sich in farbenfrohe Raumteiler verwandeln, die den Garten in verschiedene Bereiche aufteilen. Solche Gliederungselemente können auch als vertikale „Ausstellungsflächen" dienen, vor denen dekorative Elemente besonders gut hervortreten, etwa Kübel oder Kunstwerke oder, wie hier, Eidechsenskulpturen aus Metall. (gegenüber)

Mauern

Mauern bilden die dauerhafteste und stabilste Einfassung für einen Innenhof. Die Wahl des Baumaterials richtet sich in erster Linie nach dem Stil des Gartens, aber auch nach den finanziellen Möglichkeiten: Eine Mauer braucht ein festes Fundament und sollte von einem Fachmann errichtet werden, was leicht kostspielig werden kann.

Wieder verwendete, zerbrochene Fliesen und Porzellanscherben haben hier ein wahres Feuerwerk von Farben und Strukturen entstehen lassen. Ein solches zwangloses Mosaik ist leicht selbst herzustellen – die Scherben werden in eine auf der Mauer ausgebrachte Mörtelschicht gebettet. Die Oberfläche des Mosaiks kann auch wellenförmig gestaltet werden. In jedem Fall empfiehlt es sich jedoch, das Muster genau festzulegen, bevor man ans Werk geht. Hier finden sich Blüten- und Blattornamente mit abstrakten Formen kombiniert. Mit der gleichen Technik lässt sich auch ein Wasserbecken äußerst dekorativ gestalten. (oben)

Solide gebaute Mauern benötigen wenig Pflege und besitzen zahlreiche Vorteile. Sie speichern Sonnenwärme und strahlen in den Abendstunden angenehm nach, deshalb ist ein Hof im Inneren von Mauern wärmer als ein zaun- oder heckenumgrenztes Grundstück. Eine massive Mauer stellt einen äußerst wirkungsvollen Lärmschutz dar und ist ein solider Träger für Pergolen, Sonnendächer und Kletterpflanzen. Ihre vertikale Oberfläche kann mit Wandgemälden geschmückt werden (wie im klassischen Innenhof), mit Mosaiken, Wasserspielen oder Lampen. Der Ziegelverband – die Anordnung der Steine innerhalb der Mauer – sowie der Mörtel, in den die Ziegel gebettet sind, sind für sich oft bereits sehr dekorativ. Die Mauerkrone lässt sich auf vielfältige Art gestalten; man kann auch Kübelpflanzen auf die Mauer stellen oder sie für mehr Sichtschutz mit Spalieren erhöhen.

Im Inneren des Hofes übernehmen Mauern die Funktion von Raumteilern, wie etwa im mediterranen Garten, oder dienen bei Höhenunterschieden als Stützmauern, wie zum Beispiel die Trockenmauern der Arts-and-Crafts-Gärten. In windigen Lagen erzeugen Mauern jedoch Turbulenzen, die die Pflanzen schädigen können. Hier empfiehlt sich eine durchlässigere Begrenzung, etwa eine Hecke (s. S. 104).

Mauern bieten interessante Möglichkeiten, um den Garten in mehrere Bereiche zu gliedern. Hier wirkt der Mauerdurchbruch wie eine Art Bilderrahmen für eine moderne Skulptur; die Öffnung könnte jedoch ebenso gut einen Ausblick aus dem Garten hinaus in die umgebende Landschaft bieten. (oben)

Eine Mauer mit Widderkopf-Wasserspeiern und über einen Bogen geführten Stufen bildet ein Schlüsselelement dieses Gartenentwurfs. Kübelpflanzen setzen zusätzliche Akzente, während die Pflanzen in den Beeten die harten Konturen mildern. (links)

Gartentore können, bewusst eingesetzt, zu attraktiven Gestaltungselementen werden: Ein massives Holztor verstärkt beispielsweise den Eindruck eines rundum abgeschlossenen Gartens, während ein schmiedeeisernes Tor die Aussicht auf die Landschaft jenseits des eigenen Gartens eröffnet. Fehlt ein entsprechend reizvoller Ausblick, kann ein massives Tor die Illusion erwecken, jenseits der Begrenzungen befinde sich ein weiterer, geheimer Garten. Ein perfektes Trompe-l'Œil schließlich bildet ein durchsichtiges Tor, durch das der Blick auf ein zum Thema des Gartens passendes Wandgemälde fällt – etwa auf eine Fernansicht des Fudschijama in einem japanischen Garten.

Eine Idee, die Spaß macht, besonders natürlich Kindern. Die farbenfrohe Metallwand mit den ausgeschnittenen Tiersilhouetten spiegelt genau jenen spielerischen, unvoreingenommenen Umgang mit den verschiedenen Gestaltungselementen wider, der einem Garten erst seine persönliche Note verleiht. (links)

Unterschiedliche Ebenen und die wiederholte Verwendung des gleichen Gestaltungselementes – kugelförmig geschnittene Buchsbäume – erwecken diesen Innenhofraum zum Leben. Durch die konsequente Verwendung von Ziegeln für die Treppenstufen und die Stützmauern der Hochbeete entsteht die Kontinuität, die der Gestaltung ihren Zusammenhalt gibt. (rechts)

Schlichtes, einfarbiges Mauerwerk verleiht diesem Entwurf Klarheit und lässt den Innenhof luftig und leicht wirken. Die weiße Mauer dient zugleich als „Leinwand", vor der die Formen und Farben der einzelnen Pflanzen optimal zur Geltung kommen. (unten)

Zäune und Spaliere

Zäune sind preiswert und darüber hinaus schnell errichtet. Holzzäune werden in zahlreichen verschiedenen Ausführungen angeboten, grundsätzlich unterscheidet man jedoch zwischen geschlossenen und offenen Varianten.

Geschlossene Zäune bieten ein Höchstmaß an Privatsphäre. Sie bestehen meist aus vorgefertigten Zaunfeldern, die zwischen Holz- oder Betonpfosten montiert werden. Einen massiver wirkenden Zaun ergeben kräftige Holzpfosten (von 2,40 m Höhe und 10–15 cm Durchmesser), dicht an dicht nebeneinander gesetzt. Verwendet man Pfosten unterschiedlicher Länge, lässt sich die Zaunoberkante in rhythmisch wiederkehrenden oder unregelmäßig gezähnten Mustern gestalten. Die angemessene Höhe für einen geschlossenen Begrenzungszaun beträgt 1,80 m; weitere 60 cm lassen sich durch ein darauf gesetztes Spalier gewinnen.

Ein Spalier ohne alles, nur mit weißem oder grünem Anstrich und ohne jede Bepflanzung, gibt dieser schlichten Begrenzungsmauer, die sonst etwas flach wirken würde, Struktur und Tiefe. Verspielt und witzig wirkt das verspiegelte Fenster, das zu beiden Seiten von Kübelpalmen auf Säulen eingerahmt wird. (oben)

Ein geschlossener Zaun kann unter Umständen bedrückend wirken. Hier jedoch wird er durch die Querbalken, die eine Art Pergola entstehen lassen, zu einem attraktiven Element. Die frischen grünen Blätter und der helle Kies bilden ein schönes Gegengewicht zu dem dunklen Holz. Für Auflockerung sorgen grobe Flusskiesel. (rechts)

Dieses Spalier steht mit einigem Abstand vor der Mauer, die Kletterpflanzen wurden zwischen beiden gesetzt. Der Grund: Die Pflanzen sollen zu einer dichten grünen Wand heranwachsen und so die Rückseite des Hauses optisch aufwerten. (ganz rechts)

Zwei Putti blicken von hoch oben an den Pfosten beiderseits der Säule auf den Garten hinab. Die Pfosten betonen das mit Kletterpflanzen berankte Spalier; das grün-weiße Farbthema findet im exotischen Blattwerk von *Gunnera* und Funkien sowie in den Blüten von Iris, Kletterrose und Calla *(Zantedeschia)* seine Fortsetzung. (links)

Zaunelemente aus Weidengeflecht bilden eine natürliche und attraktive Abschirmung, sowohl als Begrenzung eines Innenhofes wie auch als Raumteiler. Versieht man die Pfosten mit einem farbigen Anstrich, wird die Zaunreihe auf reizvolle Weise durchbrochen und der Garten um ein paar Farbtupfer reicher. (unten)

Offene Zäune, etwa Latten- oder Koppelzäune, verbauen den Blick auf den Garten nicht. Sie bestehen aus senkrechten Pfosten und waagerechten Bohlen und sehen am schönsten aus, wenn sie nicht mehr als 1,20 m hoch sind. Solche offenen Begrenzungen empfehlen sich allerdings nur für Gärten, die nicht völlig abgeschlossen sein müssen.

Zaunpfosten sollten 45 cm tief in Beton verankert werden. Um Fäulnis vorzubeugen, kann man Holzpfosten zusätzlich durch einen Metallschuh schützen. Aus demselben Grund sollte auch nur kesseldruckimprägniertes Holz verarbeitet werden. Zaunfelder bringt man am besten auf einer Kiesunterlage oder mit einem Abstand von 5 cm über dem Boden an. Bei Beachtung dieser Maßnahmen und jährlicher Pflege mit einem Holzschutzmittel oder einer Farbschicht (die Pflanzen sollten hierbei verschont bleiben!) kann ein Holzzaun 20 Jahre halten.

Als Einfriedung ist auch ein Gitterzaun aus Gusseisen denkbar, ebenso wie Weiden- oder Haselflechtzäune, Schieferplatten, die mit Draht verbunden sind, oder sogar verstärktes Glas (klar oder opak). Alle diese Materialien können auch zur Innenaufteilung des Hofes verwendet werden, ebenso wie Holzspaliere, die für einen Grenzzaun nicht stabil genug sind. Auch mit Kletterpflanzen begrünt sind Spaliere noch offen genug, um eine Ahnung davon zu vermitteln, was sich hinter ihnen verbirgt. Sie lassen sich auch auf Mauern anbringen oder zur Errichtung eines Durchganges verwenden. Rauten und Quadrate sind die klassischen Spaliermuster, es gibt jedoch auch Varianten, die optische Täuschungen erzeugen, sodass zum Beispiel eine kleine Fläche größer wirkt. Wer Ausgefallenes bevorzugt, kann auch selbst ein Spalier bauen, etwa aus senkrechten Kupferrohren, die man durch horizontal gespannte Angelschnur verbindet, oder eine japanische Variante aus Bambusrohr und getrockneter Heide.

Hecken und Sichtblenden

Eine sorgfältig gepflegte Hecke vermittelt Sicherheit und Geborgenheit und trägt in windigen Lagen zum Schutz der Bepflanzung bei. Hecken sind preiswerter als Mauern oder Zäune; sie benötigen jedoch etwas Zeit, um heranzuwachsen, und müssen während der Vegetationszeit regelmäßig geschnitten werden.

Eine immergrüne Hecke, etwa aus Eiben *(Taxus baccata)* – typisch für Arts-and-Crafts-Gärten –, Thujen wie *Thuja plicata* oder Stechpalmen *(Ilex aquifolium)*, bildet eine ganzjährig grüne Kulisse und verleiht dem Garten einen dauerhaften Aspekt. Sommergrüne Hecken sorgen für jahreszeitliche Abwechslung, bieten ab Herbst jedoch immer weniger Sichtschutz, sofern sie nicht sehr dicht gesetzt wurden. Zusätzliche Sicherheit geben dornige Arten wie Weißdorn (etwa *Crataegus succulenta* var. *macracantha)*, während Buchen *(Fagus sylvatica* und *F. s.* Purpurea-Gruppe*)* das abgestorbene Laub im Herbst nicht abwerfen. Für eine Einfriedung pflanzt man die Gehölze am besten zweireihig gestaffelt, in Abständen von 90 cm zueinander. Als Raumteiler reicht eine einzelne Reihe mit 45 cm Abstand zwischen den Pflanzen aus. Um möglichst schnell in den Genuss von Wind- oder Sichtschutz zu kommen, setzt man kräftige junge Gehölze, denen man bei der Pflanzung (am besten im Herbst) reichlich Stallmist beigibt. In Trockenperioden wird gewässert und alljährlich im Frühjahr gedüngt. Durchgänge in Hecken sollten möglichst natürlich gestaltet sein, wie zum Beispiel ein stabiles Holztor.

Mit Pflanzen lassen sich im Innenhof einzelne Räume abteilen und attraktive Abschirmungen schaffen. Hecken können in Kurven verlaufen, ganz nach Wunsch höher

oder breiter sein oder zu dekorativen Formen geschnitten. Eine reizvolle Variante, im
späten 17. Jahrhundert in den Niederlanden
entstanden, stellt das Gestalten der Hecken-
oberseite durch Figurenschnitt dar. „Fenster" in der Hecke eröffnen interessante Ausblicke, und eine Mischung immergrüner
Arten lässt einen attraktiven Wandteppich
entstehen.

Als lebende „Wandschirme" mit forma-
lem Charakter eignen sich auch der pflegeleichte Bambus, eine Reihe Spalierobst – eine
wunderbare Lösung für einen Nutzgarten –
oder eine Flechtheckenallee aus Hainbuchen
(*Carpinus*), wie sie in mittelalterlichen Innenhöfen häufig anzutreffen war. Letztere
lädt darüber hinaus zum Flanieren zwischen
den einzelnen Gartenbereichen ein.

Auf zwanglosere Art sorgen junge Bäume,
in kleinen Gruppen gesetzt, für Sichtschutz,
ebenso Horste hoher, nicht wuchernder Bam-
busarten. Mit windenden Kletterpflanzen,
wie zum Beispiel Prunkwinden (*Ipomoea*),
lassen sich Plexiglasstangen begrünen, deren
obere Enden an einem waagerecht aufge-
hängten rostfreien Stahlrohr befestigt sind.
Der futuristische Effekt ist garantiert.

Trittsteine im Gras, zwischen zwei Baumreihen hin-
durchgeführt, verlocken dazu, sich der Öffnung in
der Hecke zu nähern. Der schmale Durchgang zu
einem anderen, ebenso abgeschlossenen Teil des
Gartens wirkt geheimnisvoll und macht neugierig.
(rechts)

Eine formale Hecke als schützende Abschirmung
eines ebenfalls formalen Innenhofes, dessen Gestaltung auf der Wiederholung von Quadraten und
Rechtecken beruht. Einfriedungen aus lebenden
Pflanzen mildern die Strenge solch harter geometrischer Formen und Oberflächen erheblich. (links)

Bodenbelag

Gartenwege müssen jederzeit gut begehbar sein. Sie brauchen daher einen Belag, ebenso wie Terrassen oder andere Flächen, auf denen Tisch und Stühle stehen sollen. Solche Sitzbereiche sollten vom Haus möglichst leicht erreichbar sein, müssen aber nicht unbedingt direkt daran anschließen.

Die Gestaltung der für eine Sitzgruppe vorgesehenen Fläche richtet sich nach dem Stil des Gartens – so passt etwa ein Sitzbereich mit einem umlaufenden Weg in einen klassischen Innenhof oder eine Terrasse zu einer Renaissance-Gestaltung. Bei der Auswahl des Materials muss die zukünftige Nutzung berücksichtigt werden: Häufig begangene Flächen wie Terrassen brauchen einen festen, haltbaren Belag, etwa Stein- oder andere Platten, Fliesen, Ziegel, Pflastersteine, Beton oder Holz. Das Belagmaterial sollte aber auch zum Stil des Innenhofes passen. Beton mit einem leuchtenden Anstrich vermittelt beispielsweise südamerikanisches Flair, Terrakottaziegel oder Natursteinplatten eignen sich für einen Trockengarten, Holzböden oder weißer Beton dagegen eher für Spa-Gärten. Gummibeläge muten futuristisch an, Granitpflaster ist pflegeleicht.

Geharkter Kies ist in japanischen Gärten ein Gestaltungselement von symbolischer Bedeutung. Nach dem gleichen Verfahren lässt sich jedoch auch ein pflegeleichter Belag für den Innenhof herstellen. Nicht zu vergessen der Sicherheitsaspekt: Es ist nahezu unmöglich, sich auf Kies lautlos fortzubewegen. (links)

Schwarz-Weiß – eine zeitlos elegante Kombination. In einem allseits abgeschlossenen Hof sollte Weiß dominieren. Der Raum wirkt so heller und luftiger. Fliesen lassen sich auch gut als optisches Bindeglied zwischen Boden und Mauern einsetzen, wie hier in Form des Stufenbelages zu sehen ist. (rechts)

Schlicht und elegant, aber wirkungsvoll – ein gutes Motto für jegliche gärtnerische Gestaltung. Hier verbinden die weißen Fugen den Boden mit der weißen Mauer; für kontrastierende Farben und Formen sorgen die gelb gestrichene Seitenwand und die vier bauchigen Gefäße. (unten)

Die doppelte Einfassung mit ihrem Mittelband aus Flusskieseln lässt den Übergang von massivem Schieferpflaster zum Kiesbeet gefälliger wirken und verwandelt ihn in einen reizvollen Blickfang. (ganz unten)

Wege legt man am besten so an, dass sie alle Bereiche des Innenhofes zugänglich machen und die Fläche optimal nutzbar wird. Als Belag kann das gleiche Material verwendet werden wie für Sitzplatz oder Terrasse; auf diese Weise entsteht eine einheitliche Wirkung. Wer Kontraste bevorzugt, wählt stattdessen lose Materialien wie Kies oder Rindenmulch. Letztere sind preiswert und leicht zu verlegen – sie werden einfach auf einem durchlässigen Faservlies ausgebracht, das das Eindringen der Partikel in die Erde verhindert.

Feste Bodenbeläge bedeuten mehr Aufwand, finanziell wie arbeitstechnisch. Sie werden auf etwa 10 cm Unterbau verlegt, was in der Regel Ausheben der Erde und Verlegen eines Unterbodens bedeutet. Dieser muss standfest verdichtet und nivelliert werden (damit Regenwasser abfließen kann), bevor man die Platten oder Steine darauf verlegen kann (in ein Bett aus Mörtel oder einem Sand-Zement-Gemisch im Verhältnis 4 : 1). Das klingt vielleicht etwas kompliziert, ist in Wirklichkeit aber leicht selbst auszuführen, vorausgesetzt natürlich, man verfügt über ausreichend Zeit.

Das Sonnenmosaik besteht aus flachen Kieseln. Mosaike dieser Art werden am besten vom Fachmann verlegt. Sie können dazu verwendet werden, in einem Teil des Gartens eine ganz besondere Stimmung zu erzeugen, die sich durch geeignete Dekorationsobjekte noch verstärken lässt. So weckt der thronartige Sitz hier Assoziationen an den sagenhaften König Artus. (links)

Die Kiesel scheinen vom Weg in den Teich hinab geradezu zu fließen. Für eine künstlerische Note sorgen die blauen Kiesel am Wasserrand, die eine Art Fortsetzung der Stufen bilden. Das kühle Farbthema wird mit den purpurfarbenen Irisblüten und dem graublauen Laub der Funkien weitergeführt. (oben)

Die lebhaften Farbtöne, die für dieses Mosaikpflaster verwendet wurden, lassen den Eindruck eines flach auf den Boden gelegten Kirchenfensters entstehen. Solche leuchtenden Farben, in einem Zufallsmuster arrangiert, schaffen einen lebendigen Rahmen für andere dekorative Elemente, die in Form und Farbe jedoch eher schlicht und zurückhaltend sein sollten. (rechts)

Pflaster aus Naturstein ist zwar kostspielig, verleiht jedoch jedem Innenhof einen Hauch von zeitloser Eleganz. Als preiswertere Alternative bietet sich Kunststein an, mit dem sich eine ähnliche Wirkung erzeugen lässt. (oben)

Leicht surrealistisch muten diese mit leuchtend grünem Moos bewachsenen Felsbrocken an. Sie säumen einen Pfad mit Trittsteinen aus einzelnen Holzscheiben, die in Rindenmulch eingebettet wurden. (unten)

Richtig kombiniert und durch die passende Bepflanzung ergänzt, fügen sich unterschiedliche Pflastermaterialien wie hier zu einem harmonischen Gesamtbild. Originell ist die Verwendung einer Urne als Wasserspiel. (rechts)

Kriechende Stauden, hier Mooskraut *(Selaginella),* eignen sich ausgezeichnet für Übergänge zwischen verschiedenen Bodenbelägen, denn ihr grünes Blattwerk lässt die Farben von Pflastersteinen und Ziegeln wirkungsvoll hervortreten. Wer einen Effekt im Stil ländlicher Cottage-Gärten erzielen möchte, setzt Pflanzen unterschiedlicher Arten in die offenen Fugen. (oben)

Wie abwechslungsreich ein Bodenbelag aus einem einzigen Material sein kann, zeigt dieses Beispiel. Die Steinfliesen wurden in unterschiedlichen Größen und Formen verwendet und in wechselnden Mustern verlegt. Der Entwurf lässt sich variieren, indem man eine begrenzte Zahl abweichender Fliesen einsetzt, die die einfarbige Fläche auflockern. (unten)

Architektonische Pflanzen

Pflanzen mit architektonischem Aufbau gehören zum Grundgerüst des Innenhofes und sollen rund ums Jahr einen Blickfang bieten. So zeigen sie überwiegend einen auffallenden Habitus – wie etwa die Korkenzieherhasel (Corylus avellana 'Contorta') – oder markante Blattformen wie der Neuseeländer Flachs (Phormium 'Dazzler'). Manche Arten, zum Beispiel Dicksonia antarctica, besitzen beides. Beeindruckende Blüten finden sich dagegen eher selten, etwa bei Yucca gloriosa.

Wer sich für architektonische Pflanzen entschieden hat, sollte möglichst große Exemplare kaufen, da diese besonders beeindruckend wirken. Natürlich sind ausgewachsene Pflanzen teurer, doch am richtigen Platz rechtfertigen sie ihren Preis, selbst wenige Exemplare, da sie sofort zum Blickfang werden und der Pflanzung zudem einen ausgereiften Charakter verleihen.

Architektonische Pflanzen sind die Hauptdarsteller im Garten und verdienen es, gebührend platziert zu werden. Unkompliziert, aber

sehr wirkungsvoll ist die Präsentation einzelner Exemplare in einem Beet oder Container. Die Umgebung sollte möglichst unaufdringlich gestaltet werden, sodass der Pflanze volle Aufmerksamkeit zuteil wird und sich ihre Wirkung noch steigert. Eine einfarbige glatte Mauer bildet beispielsweise einen hervorragenden Hintergrund. Werden sie im Dunkeln beleuchtet, lassen sämtliche architektonischen Pflanzen eine nahezu magische Stimmung entstehen, und die Mauer stellt jetzt die perfekte Leinwand für das abendliche Schattenspiel dar.

An der Schnittstelle von Haus und Garten eingesetzt, unterstützen Pflanzen mit klar gegliedertem Bau besonders effektiv den Übergang

Baumstämme besitzen ein ganz ähnliches Erscheinungsbild wie eine Säulenreihe; sie unterstützen auf unaufdringliche Art die Aufteilung eines Gartens in verschiedene Bereiche. Ihre gliedernde Wirkung wird durch den Schattenfall, der stets nur eine bestimmte Fläche heraushebt, noch verstärkt. Eine schöne Alternative für den Boden stellt ein farblich der Erde angeglichener Belag dar. Als weiterer Kunstgriff ist ein farbiger Anstrich für die Baumstämme denkbar, oder man wählt Gehölze mit dekorativer Rinde, zum Beispiel Birken (Betula utilis var. jacquemontii 'Silver Shadow'). (gegenüber)

Solche lebenden Skulpturen kommen erst vor dem richtigen Hintergrund voll zur Geltung. Am besten eignen sich glatte, einfarbige Wandflächen in Tönen, die die Blattfarben verstärken, ohne jedoch von der Form der Pflanzen abzulenken. Die kompakten Agaven mit ihren zugespitzten, leicht sukkulenten Blättern beherrschen durch ihre schiere Masse eindeutig das Bild. Einen willkommenen Kontrast bilden die leichteren und luftigeren Palmwedel im Hintergrund, ebenso wie das silbrige Laub und die gelben Blüten an der Vorderkante des Beetes. (unten)

zwischen den beiden Bereichen. Einer gemischten Rabatte mit kleineren Sträuchern und Stauden verleihen ausgewachsene Solitärpflanzen eine zusätzliche Dimension. Die übrige Bepflanzung sollte so ausgewählt werden, dass Blattwerk und Blüten mit dem architektonischen Aufbau der Solitärpflanze entweder harmonieren oder in einem wirkungsvollen Kontrast stehen. Farne und die Japanische Faserbanane (*Musa basjoo*) ergänzen sich beispielsweise gut, während Neuseeländer Flachs (*Phormium*) und Bergenien einen interessanten Gegensatz bilden.

Wer über ausreichend Platz – und ein entsprechendes Budget – verfügt, kann mit ausschließlich architektonischen Gewächsen eine beeindruckende Pflanzung anlegen. So entsteht der Eindruck tropischer Fülle oder dschungelähnlicher Üppigkeit, wenn Arten von unterschiedlicher Größe und mit einer Vielfalt an Blattformen sehr dicht gesetzt sind, etwa Hanfpalme (*Trachycarpus fortunei*), Mammutblatt (*Gunnera tinctoria*) und *Myosotidium hortensia*. Ausgesprochen modern wirkt dagegen ein Beet mit markanten Pflanzen in großen Abständen, zum Beispiel Fächerahorn (*Acer palmatum* 'Dissectum') und Keulenlilie (*Cordyline australis* 'Torbay Dazzler'), unterpflanzt mit verschiedenen Ziergräsern.

Kakteen weisen unter allen Pflanzen die wohl größte Vielfalt an architektonischen Formen auf, und Kakteengärten sind mit ihrem Nebeneinander von surrealistisch anmutenden Gestalten ein wahres Erlebnis. Daran zeigt sich, dass es sehr wohl möglich ist, große Pflanzen mit interessantem und ungewöhnlichem Habitus zu einem eindrucksvollen Garten voller lebender Skulpturen zu kombinieren. Andere Gestaltungselemente sollten in einem Garten, in dem formbetonte Pflanzen dominieren, eher ergänzende als konkurrierende Funktion übernehmen. (rechts)

Formschnitt oder Topiary ist eine sehr alte Technik, ersonnen im antiken Rom: Immergrüne Gehölze werden durch exakten Schnitt zu geometrischen oder tierischen Formen gestaltet. Auf kleinem Raum empfiehlt es sich, keine allzu großen Gehölze zu verwenden, sondern den Formschnittsträuchern stattdessen durch Pflanzung in Kübel mehr Höhe und Wirkung zu verleihen. Die Kübel sollten zum Stil des Innenhofes passen und farblich mit dem Grün des Blattwerks harmonieren. (unten)

Wasser

Wasser ist das vielseitigste aller Gestaltungselemente. Es hat großen Einfluss auf die Stimmung eines Innenhofes: Die Stille eines spiegelglatten Teiches verstärkt den natürlichen Frieden eines Trockengartens, das sanfte Tröpfeln eines Wasserspiels in romantischer Umgebung wirkt beruhigend, und das rege Plätschern von Wasser, das sich in einen schmalen Kanal ergießt, bringt Dynamik in einen modernen Innenhof.

Die Platzierung eines Wasserspiels ist von erheblicher Bedeutung. Fernes Plätschern übt magische Anziehungskraft aus, es lockt den Besucher – etwa in einem mediterranen Innenhof – tiefer in den Garten hinein, während in heißen Gegenden ein Springbrunnen neben einer Sitzgruppe wohltuende Kühle verbreitet. Neben der Frage, ob das Wasser still oder bewegt sein soll und wie die Stimmung des Gartens dadurch beeinflusst wird, will auch die äußere Gestaltung des Wasserspiels sorgfältig bedacht sein. Aus dem umfangreichen heute erhältlichen Angebot sollte man diejenige Ausführung wählen, die am besten zum Stil des Gartens passt – etwa ein schlichtes Wasserspiel für einen japanischen Garten, ein reich verziertes für einen mittelalterlichen oder ein natürlich wirkendes für einen tropischen Innenhof.

Die Installation eines frei stehenden oder in eine Mauer integrierten Springbrunnens ist unkompliziert, besonders da diese vielfach als Bausatz angeboten werden. Man hebt zunächst eine Grube für das Wasserreservoir aus, setzt dieses ein und montiert die Pumpe. Anschließend wird das Wasser eingelassen, das Rescrvoir abgedeckt und der Pumpenschlauch mit dem Springbrunnen verbunden, der damit betriebsbereit ist. Der elektrische Anschluss der Pumpe sollte jedoch stets einem Fachmann überlassen werden. Zur bequemeren Bedienung empfiehlt es sich, den Schalter in Haus, Garage oder Schuppen zu installieren.

Die Ruhe der glatten, unbewegten Wasseroberfläche bildet das Gegengewicht zu der üppigen Bepflanzung mit trockenheitsverträglichen Arten von überwiegend architektonischem Bau. Große runde Flusskiesel, hier als Bodendecker verwendet, stellen den optischen Übergang her. In heißen und trockenen Gegenden ist Wasser kostbar. Als gestaltcrisches Element eingesetzt, kommt ihm somit eine noch bedeutendere Rolle zu: Es ist ein unerwarteter, aber höchst willkommener Anblick. (gegenüber)

Spiegelglatt, wie es ist, eignet sich das Wasser in diesem formal gestalteten Becken hervorragend als Reflexionsfläche für das exotische Kunstwerk an der Stirnseite. In dieser Oase der Ruhe, die zum Verweilen und Nachdenken einlädt, nehmen die runden Seerosenblätter der geometrischen Form die Strenge; Trittsteine unterbrechen die Längsachse. Unbewegte Wasserflächen sind auch dann sehr wirkungsvoll, wenn sich nichts als Himmel und Wolken in ihnen spiegeln. (unten)

Einen Teich anzulegen ist etwas komplizierter, aber auch das lässt sich ohne fachmännische Hilfe bewerkstelligen. Naturnahe oder geschwungene Teiche legt man am besten mit einer Folie (etwa aus Butylkautschuk) aus. Damit die Teichfolie nicht durch spitze Steine beschädigt wird, sollte sie auf einer schützenden Unterlage aus Faservlies zu liegen kommen. Für formale Becken mit geraden Linien und exakten Winkeln, aber auch für komplizierte Formen ist eine Betonverschalung die einfachste Lösung. Sicherheitshalber sollte sie auf einer Gummiunterlage ruhen, da geborstener Beton nur sehr schwer wieder abzudichten ist. Ein Teich für Fische muss mindestens 90 cm tief und mit einem Springbrunnen ausgerüstet sein, der dem Wasser den nötigen Sauerstoff zuführt. (Zur Berechnung des Flächenbedarfs für Teichfolien bzw. der Betonmenge für Verschalungen siehe unten.)

Flächenkalkulation für Teichfolie bzw. Betonschale

Folie: (max. Länge) + (2 x max. Tiefe) x (max. Breite) + (2 x max. Tiefe). Für einen 2,5 m langen, 2 m breiten und 1 m tiefen Teich ergibt sich somit folgende Fläche: (2,5 + 2) x (2 + 2) = 18 m². Für die Vliesschicht unter der Folie wird die gleiche Fläche benötigt.

Beton: Das erforderliche Volumen in m³ erhält man durch Multiplikation der berechneten Fläche mit der Dicke der Betonschicht (empfohlene Dicke: 0,1 m).

Ein „Vorhang" aus Wasser ergießt sich hier auf höchst unerwartete Weise aus einer Öffnung in der Mauer. Das Fließen und leise Sprudeln des Wassers lässt ein Gefühl von Ruhe in diesem Winkel des Gartens entstehen, der mit einer Vielzahl von Pflanzen in den unterschiedlichsten Formen und Farben begrünt wurde. (links)

Der „Grüne Mann" aus der keltischen Mythologie, hier aus Blei gegossen, verkörpert Würde und Stil, ohne allzu viel Platz zu beanspruchen. Mauerbrunnen sind gleich zweifach von Nutzen: Sie stellen einen attraktiven Blickfang dar und sorgen für das außerordentlich wichtige Wasserplätschern. Da das Wasser langsam fließt, bleibt das Geräusch angenehm leise. (gegenüber, ganz links)

Dieses gekachelte Seepferdchen mit seinem doppelten Wasserstrahl ist Skulptur, dekorativer Wasserspeier und hübsche Spielerei in einem. (links)

Hieroglyphen bilden einen interessanten Wandschmuck. Der schmale Kanal, der das hinabrieselnde Wasser auffängt, verbindet unterschiedliche Bereiche des Gartens; Gestaltungsmittel dieser Art unterstützen die Harmonie und Geschlossenheit eines Entwurfes. (unten links)

Fontänen sind in vollem Sonnenlicht besonders eindrucksvoll – sie fangen das Licht ein, brechen es und lassen Regenbogen entstehen. Als angenehmer Nebeneffekt kühlt sich zudem die Luft in ihrer Umgebung ab. (unten rechts)

Beleuchtung

Licht zählt zu den unauffälligsten Gestaltungselementen – und zugleich zu den am häufigsten vernachlässigten. Soll der Innenhof jedoch auch nach Sonnenuntergang genutzt werden, ist geeignete Beleuchtung ein absolutes Muss.

Schlichter Kerzenschein ist ebenso romantisch wie preiswert. Sturmlampen, zu mehreren in einen Baum gehängt, erzeugen eine geradezu magische Atmosphäre. Kerzen stellt man am besten in Windlichter aus farblosem oder buntem Glas, damit sie länger brennen und nicht von jedem Windstoß ausgeblasen werden. Eine reizvolle und einfache Alternative, etwa für ein Fest, sind viereckige Papiertüten: Man schneidet aus den Seitenwänden Muster aus, beschwert den Boden mit einer Hand voll Sand und stellt ein Windlicht hinein. Im Winter verbreiten brennende Holzscheite in einer Feuerschale sanft flackerndes Licht und ein wohliges Gefühl von Wärme, das an schönen Abenden durchaus ins Freie zu locken vermag.

Das Angebot an elektrischen Außenleuchten ist riesig. Bei der Auswahl ist in erster Linie der Einsatzbereich zu bedenken sowie die gewünschte Wirkung. Für die Beleuchtung von Wegen, Beeten und Wasserrändern eignen sich Laternen, Sockel- oder Pollerleuchten, von denen eine möglichst geringe Blendwirkung ausgeht. Interessante Effekte lassen sich durch geschickte Kombination unterschiedlicher Lichtquellen – von hellen Halogenstrahlern bis zu Lampen mit stimmungsvollem weißem Licht – erzielen. Auch können unterschiedliche Beleuchtungstechniken, einzeln oder kombiniert, eingesetzt werden. Strahler mit Erdspieß, unter Solitärgehölzen oder besonders markanten Pflanzen platziert, heben Struktur und Blattwerk hervor und lassen faszinierende, im Wind tanzende Schatten entstehen. Farbfilter verstärken diesen Effekt noch. Nach unten gerichtete Strahler eignen sich für die Illumination von Sitzecken; durch das Geäst von Bäumen hindurchscheinend, erinnern sie an Mondlicht. Mit Punktstrahlern lassen sich einzelne Objekte wie etwa

Aufwärts gerichtete Strahler können sehr hübsche Zierstücke sein, deshalb sollten sie dem Stil der übrigen Materialien angepasst werden. Wichtiger ist jedoch, dass sich einzelne Objekte oder Pflanzen im Garten damit optimal ausleuchten lassen. Sehr wirkungsvoll können sie auch zur Markierung von Wegrändern eingesetzt werden oder als Unterwasserstrahler oder hinter einem Springbrunnen. (links)

Wenn die Lichter angehen, erscheint der Garten wie verwandelt: Senkrecht nach oben gerichtete Strahler heben die Baumstämme hervor, schräg installierte betonen die Steine. Für ausreichende Helligkeit sorgen Wandleuchten. (unten links)

Beleuchtung von oben und von unten macht diese Ecke eines modernen Gartens zu einem anheimelnden abendlichen Refugium. Die unterschiedlich ausgerichteten Strahler lassen auf den Wänden eigenwillige und wunderbare Schatten entstehen und erschaffen exotische Pflanzensilhouetten. Aufgespannte Stoffbahnen reflektieren das Licht und dämpfen es gleichzeitig. (unten)

Statuen gezielt hervorheben; unter Wasser installiert, setzen sie einen Springbrunnen effektvoll in Szene. Silhouetten und Schatten an der Wand entstehen durch bodennahe Lichtquellen, mit denen man einzelne Objekte aus einem bestimmten Winkel anstrahlt. Auch interessante Oberflächenstrukturen können auf diese Weise betont werden. Bezaubernd sehen Lichterketten im Geäst eines Baumes aus;

Fiberoptik-Beleuchtung gibt einer Gestaltung hingegen eine ausgefallene Note. Bei der Installation des Beleuchtungssystems sollte auf jeden Fall ein Fachmann zurate gezogen werden. Eine Ausnahme bilden lediglich Niederspannungssysteme, die auch für Laienhände geeignet sind, und Solarlampen, die man einfach in den Boden steckt und bei Bedarf jederzeit umsetzen kann.

Dekorative Elemente und Effekte

Statuen und Ornamente

Skulpturen und andere Zierobjekte tragen wesentlich zur Atmosphäre eines Gartens bei. Sie sollten allerdings nicht nur zufälliges Beiwerk darstellen, sondern wie ein integraler Bestandteil des Innenhofes wirken. Ihre Platzierung ist daher von großer Bedeutung. Eine Skulptur möchte von allen Seiten und zu jeder Jahreszeit bewundert werden, sie sollte sich in ihre Umgebung einfügen und doch aus ihr hervortreten. Vor einer dunklen Eibenhecke beispielsweise entfaltet sich der Reiz einer klassischen Statue aus hellem Marmor besonders gut, und ihr Anblick vermittelt ein Gefühl von Zeitlosigkeit.

Antike Statuen sind recht kostspielig, authentisch wirkende Reproduktionen aus gegossenem Stein (Beton verwittert zu rasch) bilden jedoch eine erschwingliche Alternative. Damit der Stein schneller Patina annimmt, kann er mit Naturjoghurt oder verdünntem Stallmist bestrichen werden. Wenn sich dann noch hier und da ein Strang Efeu um die Statue rankt, ist die Wirkung perfekt.

Ein Kunstwerk in Auftrag zu geben dürfte ebenfalls recht teuer werden. Ersatzweise kann eine eigene Kreation den Innenhof schmücken: Einem minimalistischen Design gibt eine Reihe von Treibholzästen, mit Glasflaschen behängt, eine avantgardistische Note. Ein Steinkegel aus aufgeschütteten Flusskieseln erinnert dagegen an ein heidnisches Grabmal und setzt in einem Trockengarten einen unübersehbaren Akzent.

Den stärksten Eindruck hinterlassen schlichte, kraftvolle Stücke. In japanischen Gärten werden Zierobjekte sparsam, doch stets mit großer Wirkung eingesetzt. Diesem Vorbild folgend, könnte man beispielsweise eine einzelne, große Skulptur aufstellen – etwa als Schlusspunkt am Ende einer Blick-

Dekoration mit Witz: Das Reh besteht aus einer Drahtkonstruktion, die mit Moos und Efeu begrünt wurde. Am Beispiel dieses Gartens ist gut zu erkennen, wie ganz verschiedene, jedoch sorgfältig ausgewählte Dekorationsstücke zusammen eine Reihe interessanter Effekte erzeugen können. (oben)

Dieser Gentleman lässt sein edles, doch blickloses Auge über den Innenhof schweifen. Steinbüsten und Statuen von Menschen bringen einen Aspekt von Zeitlosigkeit in den Garten, der seinerseits mit seinen Bäumen, Sträuchern und Blumen für eine eher dynamische Form von Kunst steht. (links)

Eine Figur aus dem Reich der Mythologie als auffallender Blickpunkt dieses klassisch inspirierten Innenhofes. Die Wirkung des Springbrunnens wird durch den raffinierten Einsatz eines Spiegels verdoppelt, der den Raum größer erscheinen lässt und zugleich die Rückseite der Skulptur zum Vorschein bringt. (rechts)

achse, als Kontrapunkt in einer asymmetrischen Gestaltung oder als Mittelpunkt eines formalen Bereiches.

Formschnittgehölze sind lebende Skulpturen – Buchs oder Eiben in geometrischen Formen geben einem formalen Garten Höhe und bilden im Winter einen attraktiven Blickfang. In Japan werden Azaleen durch kunstvollen Schnitt zu felsenähnlichen Gebilden geformt. Man beginnt stets mit kleinen Pflanzen, die man behutsam schneidet, bis sie groß genug für den speziellen Formschnitt sind.

Mehr Abwechslung entsteht, wenn das zentrale Objekt durch einige kleinere Skulpturen ergänzt wird. In Gestalt eines Bonsai passt ein ausgewachsener Baum selbst in den kleinsten Garten. Auf Wasseroberflächen erzeugen Kunstwerke ungewöhnliche Spiegelungen, und am Abend werden sie durch Beleuchtung zu neuem Leben erweckt.

Eine schöne, mit Moos bewachsene Frauengestalt verleiht diesem grünen Winkel Anmut und einen Hauch von Romantik. Eine ebenso wichtige Rolle wie der Standort einer Skulptur spielt der Hintergrund: Ihm kommt die Funktion zu, das Kunstwerk angemessen zu präsentieren. (links)

Eine Schieferplatte mit eingravierten Buchstaben ist ein subtiles und doch auffallendes Dekorationsstück, wenn es wie hier zwischen den Pflanzen hervorlugt. Häufig sind Effekte dieser Art umso wirksamer, je zurückhaltender sie eingesetzt werden. (oben links)

Anmutig geschwungene Linien und eine plastisch wirkende Oberfläche machen den Reiz dieses hölzernen Vogels aus. Der Vogel ist groß genug, um seine unmittelbare Umgebung zu dominieren; er dient als Blickfang und zugleich als Bindeglied zwischen der Bepflanzung und einigen kleineren Zierobjekten. (oben rechts)

Drahtkugeln als schlichte, doch wirkungsvolle optische Ergänzung eines Kiesbeetes: Sie treten optisch aus der Bepflanzung heraus und bilden einen schönen Kontrast zur Farbe der Steine. Da sie sehr leicht sind, sind sie ausgesprochen flexibel einsetzbar. (rechts)

Eine Schmuckplatte belebt eine ansonsten schlichte Mauer und zieht die Aufmerksamkeit auf sich. Zusammen mit der passenden Bepflanzung können solche Zierstücke eine sehr romantische Stimmung aufkommen lassen. (ganz rechts)

Besondere Effekte

Hierher zählen Gestaltungsideen und Tricks, die den Rahmen des Gewohnten sprengen und bei uneingeweihten Besuchern für Überraschung sorgen. Ein wasserdichter Fernseher in einer Hecke, ein großes Aquarium als Raumteiler oder Gardinen vor einem Mauerdurchbruch, der den Blick auf eine reizvolle Aussicht freigibt – dies sind nur einige Einfälle, die für Spaß, Verwirrung und Unterhaltung sorgen.

Feuer hat eine entspannende und geradezu hypnotisierende Wirkung, besonders zusammen mit einem Wasserspiel. Es wird eher selten eingesetzt, zählt jedoch zu den preiswerten Effekten, die sich leicht installieren lassen. Geeignet sind Gasfackeln oder flexible Kupferleitungen (mit 8 mm Durchmesser), mit denen sich Feuereffekte selbst gestalten lassen. Die Leitung wird zunächst an einem Ende versiegelt und mit Bohrlöchern versehen. Danach schließt man sie mithilfe eines Schlauchs an eine Niederdruck-Propangasflasche mit Regler an, verlegt sie horizontal auf dem Boden und bedeckt sie mit mehreren Schichten Kies (Erde würde die Löcher verstopfen).

Auf diese Weise kann um einen großen Findling ein Feuerkreis gelegt, ein Weg mit Flammensäulen gesäumt oder ein Trugbild in einem Beet erzeugt werden.

Für größte Verblüffung sorgt es, wenn ahnungslose Besucher einen verdeckt installierten Effekt selbst auslösen. Scherzfontänen (in der italienischen Renaissance sehr beliebt) und Nebelmaschinen eignen sich für jeden Garten. Wasserspeier sollten dagegen wärmeren Gegenden vorbehalten bleiben, wo eine unfreiwillige Dusche erfrischend wirkt. Der Wasserstrahl, von einem Solenoid (An-/Aus-Schalter), einer Zeitschaltuhr und einer Photozelle gesteuert, bespritzt das „Opfer" aus ungewöhnlichen Winkeln und wenn es am wenigsten damit rechnet. Am besten platziert man die Photozelle so, dass der Besucher den Lichtstrahl unterbricht, sobald er einen Weg betritt, auf einer Bank Platz nimmt oder sich zu einer Blüte hinabbeugt. Ist der Mechanismus einmal ausgelöst, bleibt die Wasserzuleitung eine bestimmte Zeit lang geöffnet.

Nebel wird nach dem gleichen Prinzip erzeugt; die Wasserdüse muss lediglich durch einen Nebelzerstäuber ersetzt werden. Nebelschwaden wirken bei jedem Wetter dramatisch – außer bei Nebel. Statt durchnässt zu werden, vernimmt der Besucher zunächst ein lautes Zischen, bevor er im weißen Dunst verschwindet. Mithilfe einer Zeitschaltuhr kann der Effekt auch automatisch ausgelöst werden. So könnte etwa während eines Gartenfestes eine Statue plötzlich Rauch ausstoßen, ein Baum von Nebel eingehüllt werden oder eine Wasserfläche anfangen zu „dampfen".

Eisblaues Mattglas in Form einer Spirale, die sich über die Wasser-oberfläche hinaus erhebt, wirkt beinahe wie aufwallendes, dampfendes Wasser. Der geschnitzte Kopf komplettiert das surrealistische Design. (rechts)

Tagsüber präsentiert sich dieser Winkel als eine Art Landschafts-skulptur aus Kies und verschiedenen Steinarten, die durch den Hinter-grund aus Bambus und Palmen eine japanische Note erhält. (gegenüber)

Nachts wird derselbe Garten durch einen verblüffenden Trick völlig ver-wandelt. Aus einer Gasflasche mit Regler (wie sie auch zum Grillen ver-wendet wird) strömt Gas in ein Lei-tungsnetz, das im Kies verborgen ist. Das Gas verteilt sich im Kies, so-dass es beim Entzünden spektakulär Flammen wirft. Diese rohe, natürliche Energie erweckt den Eindruck kraft-voller Urgewalt. Am beeindruckends-ten ist die Wirkung zwar nachts, doch macht sich der Effekt auch bei Tag gut. (unten)

Pflanzgefäße

Ob leer oder üppigst bepflanzt, Kübel und Container tragen wesentlich zu Stil und Atmosphäre eines Innenhofes bei und sollten als Teil des statischen Rahmens betrachtet werden, nicht als tragbare Extras. Entscheidend für den erfolgreichen Umgang mit Pflanzen in Kübeln ist ihre richtige Platzierung.

Eine Steinurne auf einem Sockel kann den Mittelpunkt eines formalen Gartens bilden, und ein farbig gestrichener Weidenkorb verleiht einem Nutzgarten rustikalen Charme. Paarweise eingesetzt sorgen Kübel für Gleichgewicht, in Gruppen bringen sie dynamische Asymmetrie, und ein fassgroßes, bauchiges Terrakottagefäß bildet in einem Kiesbeet inmitten von Blattschmuckpflanzen einen pflegeleichten Blickfang.

Bepflanzte Kübel können als optisches Bindeglied zwischen den befestigten Flächen und den Beeten und Rabatten dienen. Sie gestatten mehr Abwechslung bei der Bepflanzung, und sie bieten die Möglichkeit, Arten mit speziellen Bodenansprüchen zu ziehen. Kübel sind in allen erdenklichen Materialien und Stilrichtungen erhältlich, wobei einige mehr Pflege benötigen als andere. Holzcontainer müssen jährlich gestrichen werden; glasierte wie unglasierte Terrakottakübel sollten Frost vertragen. Steingefäße werden mit zunehmendem Alter immer reizvoller. Auch zweckentfremdete Gegenstände kommen in Betracht: glasierte viereckige Wannen als Tröge für Steingartenpflanzen, Halbfässer für Kamelien, alte Gießkannen für hängende Einjährige oder ein Schubkarren für Salatpflanzen.

Bei der Auswahl des Gefäßes sollte darauf geachtet werden, dass Pflanze und Topf einander ergänzen, die Pflanze jedoch die Hauptrolle spielt. Am schönsten sind Gefäße mit schlichter, attraktiver Form und einer Farbe, die die Wirkung der Pflanzen unterstreicht. Die Bepflanzung selbst sollte markant und ausdrucksvoll sein, am besten setzt man in jedes Gefäß entweder eine einzelne Pflanze oder mehrere Exemplare derselben Art. Ein größeres Arrangement wirkt harmonisch, wenn man unterschiedliche Gefäße und Pflanzen kombiniert, die einander ergänzen, aber auch Kontraste bilden. (Eine Liste von Pflanzen für Kübel ist auf Seite 149 zu finden.)

Schlichte, aber markant geformte Terrakottakübel setzen in diesem mediterranen Innenhof Farb- und Texturkontraste. Ihre geschwungenen Linien werden durch die Bepflanzung mit Yucca und Hängepelargonien noch betont. (rechts)

Alle Kübelpflanzen müssen regelmäßig gewässert und gedüngt werden. Durch Verwendung eines Flüssigdüngers lässt sich beides verbinden, die Installation eines automatischen Bewässerungssystems hilft zusätzlich Zeit sparen. Der Kübel sollte hinreichend groß sein, damit die Wurzeln der Pflanze im Winter vor Frost geschützt sind und ein gesundes Wachstum möglich ist. Wenn die Wurzeln den Topf vollständig ausfüllen, muss die Pflanze in ein größeres Gefäß umgetopft werden, damit sie auch weiterhin gut gedeihen kann.

Rechtecke aus Schiefer, mit Draht zusammengehalten, geben reizvolle und dabei leicht zu bauende Pflanzbehälter ab. Die gedrängte Anordnung der vier quadratischen Kübel gibt dem Arrangement Gewicht, während die regelmäßige Form und der dunkelgraue Farbton die Buchskugeln perfekt zur Geltung kommen lassen. Deren sanfte Rundungen werden von den Flusskieseln am Boden aufgenommen. Mit ihrer blassen Farbe bilden die Kiesel einen schönen Kontrast zu den Schieferplatten. (oben)

Harmonien aus weichen, kraftvollen Formen bestimmen hier das Bild. Die abgerundeten Kanten des Adobe-Mauerwerks scheinen mit der geschwungenen Pflanzschale und den kugeligen Kakteen zu verschmelzen. Als Farben wurden sanfte Erdtöne ausgewählt, die perfekt zur Linienführung passen. (links)

Äußerste Schlichtheit und reiche Ornamentik treffen hier aufeinander. Der untere Pflanzkasten wirkt wie eine natürliche Erweiterung des Hauses, der obere dagegen ganz und gar nicht. So befremdlich dieses Nebeneinander auch erscheinen mag, geht das Konzept dennoch auf, nicht zuletzt dank der Kontinuität, für die die identische Bepflanzung sorgt. Unterschiedliche Typen von Pflanzgefäßen zu kombinieren ist eine Idee, die sich in Gärten jeden Stils verwirklichen lässt, solange die verschiedenen Kübel und Kästen zur Grundstimmung des Gartens passen. (links)

Der steinerne Trog scheint seit der Erbauung des Hauses an dieser Stelle zu stehen. Ursprünglich als Wasserbehälter benutzt, wurde er mittlerweile zweckentfremdet und in ein Pflanzgefäß umgewandelt. Das Ergebnis ist umso eindrucksvoller, da der Trog mit einer farbenfrohen Mischung von Ziertabak *(Nicotiana)* bepflanzt wurde, die die natürliche Schönheit des grauen Steins und des Gefäßes gleichermaßen unterstreicht. (oben)

Eine Urne aus Stein, geschmückt mit dem Antlitz des grinsenden griechischen Gottes Pan und weiteren klassischen Ornamenten, gibt ein dekoratives Pflanzgefäß ab. Auf einer Mauer in einer schattigen Ecke aufgestellt, lassen die kräftigen Grüntöne und die ausgeprägte Form der Farnwedel die Details des Gesichtes besonders gut hervortreten. Die Urne kann aus Stein gehauen oder aus Kunststein gegossen sein. Letzteres ist wesentlich preiswerter. (unten)

Natur und Kunst gehen hier eine gelungene Verbindung ein: Ein großer Findling wurde in einen niedrigen, rechteckigen Steintrog „eingebaut". Flächige Pflanzungen von jeweils einer einzigen Art setzen zusätzliche Kontraste in diesem Garten voller Überraschungen. Weiter hinten ist ein Pflanzgefäß aus Gussbeton zu sehen, ebenfalls mit nur einer Pflanzenart bestückt. (rechts)

Solche bauchigen Terrakottakübel sind wahre Schmuckstücke, auch ganz ohne Inhalt. Erhöht wird ihre Wirkung hier noch durch das Spiel mit Farbkontrasten sowie durch die Platzierung vor den rechten Winkeln und geraden Linien einer Mauerecke. (unten rechts)

Schützende Dächer

Lauben und Pavillons zählen zu den solidesten – und kostspieligsten – Gestaltungselementen, die Schutz vor Sonne und Regen bieten (mit Heizung und Beleuchtung sind sie sogar ganzjährig nutzbar). Solche Konstruktionen aus Stein, Ziegeln oder Holz sind schön anzusehen und bieten zugleich reizvolle Ausblicke in den Garten. Preiswerter und leicht zu errichten sind japanische Teepavillons – Wandelemente aus Bambus, auf einen Rahmen aus Holzpfosten genagelt – oder großzügige Pergolen aus Holz oder Aluminium. Eine Pergola kann frei stehen oder ans Haus angeschlossen sein und ein schützendes Dach aus Kletterpflanzen tragen. Pflegeleichter sind Eindeckungen aus Holzlatten, getrockneten Palmenblättern oder Bambusmatten.

Ein Metallbogen trägt hier ein Dach aus natürlichem, getrocknetem Pflanzenmaterial. Als Eindeckung eignen sich verschiedene Materialien, etwa getrocknetes Bambusrohr oder Palmwedel. Das Gerüst kann zudem als Rankhilfe für Kletterpflanzen dienen, und es umrahmt ein „Fenster" mit Blick in den Garten. (unten)

Ein Sonnensegel aus Stoff, das direkt am Haus angebracht werden kann, ist in Regionen mit wechselhaften Wetterlagen eine ideale Lösung. An heißen, sonnigen Tagen lässt es sich schnell aufspannen, und bei schlechtem Wetter ist es im Handumdrehen wieder verstaut. Der Grünton wirkt angenehm beruhigend. (rechts)

Natürlichen, lichten Schatten spenden Laubbäume, die man sicherheitshalber mit etwas Abstand zum Haus pflanzen sollte, um Beschädigungen durch ihr Wurzelwerk zu vermeiden. Reizvoll ist auch eine offene Laube aus Spalieren oder Weidengeflecht. Durch duftende Kletterpflanzen wird das sinnliche Erlebnis noch intensiver.

Zelte besitzen vielerlei Vorteile. Sie sind leicht, problemlos aufzubauen und pflegeleicht (eine alljährliche gründliche Reinigung ist empfehlenswert). Für geselliges Beisammensein eignen sie sich ebenso wie für Mußestunden, und sie passen zu zahlreichen Stilrichtungen. Ein Zelt wie aus Tausendundeiner Nacht mit einem Dach aus Leinwand oder Acryl-Segeltuch bringt Wüstenromantik in den Innenhof, während farbenfrohes PVC oder Nylon an Zeltstangen aus Edelstahl ihre avantgardistische Wirkung nicht verfehlen. Die Stimmung des Gartens wird von der Farbe des Zeltstoffes beeinflusst – aus der Ferne wirkt neutrales Cremeweiß am angenehmsten; kräftige Farben setzt man am besten in Hausnähe ein. Farbige Gewebe wirken zudem wie Lichtfilter; so hilft etwa eine warme Farbe wie Gelb, grelles Licht zu dämpfen und sonnenlose Tage aufzuhellen.

Stoffdächer sind in Form der traditionellen Markise erhältlich, aber auch als unregelmäßig geformte Sonnensegel. Sonnensegel werden an der Wand befestigt und von Metallstützen getragen oder frei aufgespannt, nur durch Stangen gehalten. Am schönsten sind mehrere kleine Segel, in Reihe angebracht. Die einfachste Lösung ist jedoch häufig die beste, und der Gartenschirm mit hölzernem Gestänge besitzt zeitlose Eleganz. Er lässt sich leicht verstauen, wenn er nicht benötigt wird, und kann im Garten an jedem beliebigen Ort aufgestellt werden.

Der lichte Schatten unter dem Dach aus Bambusrohr steht in starkem Kontrast zu den gleißend weißen, besonnten Wänden dieses Innenhofes. In warmen Gegenden ist der Garten während der heißesten Zeit des Tages ohne irgendeine Form von Sonnenschulz gar nicht nutzbar. (links)

Ein idyllischer Rückzugsort ist hier unter einer traditionellen Überdachung aus Stützbalken und Dachziegeln entstanden. Die gemauerte, wie perforiert wirkende Rückwand lässt kühlende Brisen hindurch. Wer völlig ungestört sein möchte, kann zusätzlich den Vorhang zuziehen. (oben)

Gartenmöbel

In vollen Zügen genießen lässt sich das private Gartenparadies erst mit funktionalen, aber zugleich bequemen Gartenmöbeln, die einen halbwegs dauerhaften Platz gefunden haben. Der ideale Standort für eine Sonnenliege beispielsweise ist eine Stelle im Garten, die auch Abendsonne erhält; Esstisch und Stühle dagegen gehören eher in die Nähe des Hauseingangs.

Die Farben der Möbel tragen viel zur Atmosphäre bei. Vom hellen Sandton der Kiefer bis zum satten Goldbraun der Zeder variieren die Töne von Naturholz, das zu jeder Stilrichtung passt und im Laufe der Zeit sehr attraktiv Patina ansetzt (die Verwitterung sorgt zudem für eine silbrige Schattierung). Lackierte Möbel sind augenfälliger: Vor einem Hintergrund aus Blattwerk bildet Weiß einen starken Kontrast, während Grün grell wirkt und möglichst vermieden werden sollte. Zu Blumenrabatten passen sanfte Pastelltöne am besten.

Stil und Haltbarkeit von Gartenmöbeln hängen vom Material ab. Hartholz, etwa Iroko-, Teak- oder Zedernholz (aus einer verlässlichen Quelle), benötigt nur geringe Pflege – alle zwei, drei Jahre einölen reicht gewöhnlich aus. Weichhölzer wie Kiefer sollten jährlich gebeizt oder gestrichen werden. Edelstahl oder Aluminium eignen sich gut für ein modernes Design und erfordern nur gelegentliches Polieren. Elegante schmiedeeiserne Sessel, ideal für einen Garten im Arts-and-Crafts-Stil, sollten regelmäßig auf Rost überprüft und jedes Jahr gestrichen werden. Korb- und Weidenmöbel müssen vor Regen geschützt werden. Kunststoffmöbel sind preiswert und pflegeleicht, werden allerdings rasch unansehnlich, wenn sie Wind und Wetter ausgesetzt sind; sonderlich stilvoll wirken sie nie. Dennoch ist es empfehlenswert, einige solcher leichten Sitzgelegenheiten im Haus zu haben, da sie sich bei Be-

Dekorative Möbel aus Gusseisen mit grünem und weißem Anstrich unterstützen Stil und Stimmung dieses Innenhofes. Kombiniert mit immergrünem Laub, Kiesbelag und formgeschnittenen Buchsbäumen, vermitteln sie die zeitlose Eleganz eines Arts-and-Crafts-Gartens. Die weiße Bank lässt den Innenhof heller wirken und bildet zugleich ein Gegengewicht zu den zahlreichen Grüntönen von Blattwerk und Möbeln. (links)

Der kräftige Farbton des polierten Holzes nimmt die warmen Nuancen der Fliesen auf und kontrastiert mit dem dekorativen Terrakottakübel. Die Bank verkörpert zudem ein Element der Ruhe. (oben rechts)

Schlicht und elegant. Aus drei Schieferblöcken konstruiert, bietet diese Bank Platz zum Sitzen und bildet zugleich einen Kontrast zu den weichen Formen der Pflanzen. (rechts)

So ein verspielter Schaukelstuhl aus Aluminium ist genau die richtige Ergänzung zu den leuchtenden Farben und der fröhlichen Bepflanzung dieses extravaganten Gartens. (oben)

Schon aufgrund seiner schieren Masse scheint dieser Steintisch, dessen Platte auf einem massiven Fuß ruht, wie für die Ewigkeit gemacht. Den Ausgleich bilden leichtere Bänke aus Holzlatten, die verhindern sollen, dass die Sitzgruppe zu erdrückend wirkt. Durch die Verwitterung haben Tisch und Bänke einen weichen, sanften Farbton angenommen, der wunderbar mit der Mauer harmoniert. (links)

darf bequem in den Garten transportieren lassen. Wo der Platz begrenzt ist, steht Klappmobiliar immer hoch im Kurs.

Bei Möbeln zu Dekorationszwecken bestimmen Material, Form und Stilrichtung die Wahl: etwa eine Rasen- oder Kamillenbank als Blickfang, ein ringförmiger schmiedeeiserner Sitz um einen Baumstamm oder eine

zwischen Blattwerk verborgene Betonliege als Überraschungseffekt. In Stützmauern integrierte Sitzgelegenheiten bringen den Betrachter näher an die Bepflanzung heran. Manchmal mag zugunsten der ästhetischen Wirkung auf Bequemlichkeit verzichtet werden, erstrebenswert ist jedoch stets eine Synthese aus Schönheit und Nutzen.

Eine Zierbank kann einem zwanglos bepflanzten Bereich des Gartens eine formale Note verleihen. (oben)

Tisch und Stühle sind wie geschaffen für diese erhöhte, klassisch inspirierte und von Kletterpflanzen beschirmte Plattform. Stellt man Gartenmöbel wie hier etwas erhöht auf, eröffnet sich ein neuer, ungewohnter Blick über den Innenhof. Von anderen Teilen des Gartens aus gesehen, bietet der Sitzplatz zudem einen attraktiven Blickfang. (gegenüber, links)

Skulptur oder Sitzmöbel? Dieses moderne Objekt, in klaren Linien entworfen, wurde in der Mitte eines eher traditionellen Gartens aufgestellt, um einen Akzent zu setzen. Es ist ein schönes Beispiel dafür, dass Möbel bei sorgfältiger Auswahl und Platzierung sowohl die rein praktische Funktion einer Sitzgelegenheit übernehmen können als auch die eines Kunstobjektes, das zu Diskussionen anregt. (oben rechts)

Einladung zur Siesta. Dieses Sofa mit seinem indisch anmutenden Überwurf und den bequemen Kissen wurde etwas abseits vor einer Mauer aufgestellt und lädt zu einem Mittagsschlaf im kühlen Schatten ein. Bei der Platzierung von Gartenmöbeln sollte das Bedürfnis nach Geborgenheit und Ungestörtheit stets gebührende Berücksichtigung finden. (rechts)

Pflanzen für Innenhofgärten

Auf den folgenden Seiten werden über 400 Pflanzen, die in den Gestaltungsplänen auf den Seiten 16–93 verwendet wurden, vorgestellt. Sie alle eignen sich gut für kleine Gärten, insbesondere Innenhöfe. Die Pflanzen sind nach Kategorien unterteilt, um die Auswahl für einen ganz bestimmten Zweck zu erleichtern: etwa für Einfriedungshecken, zur Begrünung von Spalieren oder für Einzelstellung. Steht die Rahmenbepflanzung fest, können jahreszeitliche Farbtupfer, Blattschmuckpflanzen und Bodendecker ergänzt werden.

Zu jeder Pflanze wird der botanische und wo möglich auch der deutsche Name angegeben. Es folgen die wesentlichen Ansprüche an Klima und Bodenverhältnisse. Die hier verwendeten Kategorien sind keineswegs bindend: Solange Boden-, Feuchtigkeits-, Licht- und Temperaturverhältnisse stimmen, lässt sich eine Pflanze für mehr als einen Zweck verwenden. So eignen sich etwa als Kübelpflanzen nicht nur die in dieser Rubrik aufgeführten Arten und Sorten, sondern auch viele andere Pflanzen – zahlreiche frostempfindliche Gewächse lassen sich auf diese Weise auch in Gegenden mit kalten Wintern kultivieren.

Symbole

Lichtverhältnisse

○ Sonne

◗ Halbschatten

● Schatten

Bodenfeuchtigkeit

◌ gut durchlässig

◗ feucht

◢ nass

Bodenreaktion

<7 benötigt sauren Boden

>7 benötigt alkalischen Boden

Blütezeit

Fr Frühjahr

So Sommer

He Herbst

Wi Winter

Frosthärte

SE Sehr empfindlich – Unter 4 °C Schutz erforderlich

FE Frostempfindlich – Temperaturen bis ca. 0 °C werden vertragen, z. T. auch kurzzeitige Fröste bis –5 °C

BF Bedingt frosthart – Nur in milden Lagen ausreichend hart; Winterschutz erforderlich

VF Völlig frosthart – In den meisten Gebieten Mitteleuropas winterhart

Größenangaben

↕ Höhe

↔ Breite

Pflanzenkategorien

Einfriedung und Abgrenzung

Buxus sempervirens · Buchsbaum

○ ◌ VF ‖ 4,5 m ↔ 4,5 m

Immergrüner buschiger Strauch mit zahlreichen kleinen, ovalen, glänzend dunkelgrünen Blättern. Ideal für Hecken, Einfassungen und Formschnitt.

Carpinus betulus · Hainbuche

○ ◌ VF ‖ 25 m ↔ 20 m

Sommergrüner Baum. Grauer, geriefter Stamm, orangegelbes Herbstlaub. Schätzt Ton- und Kreideböden.

Crataegus succulenta var. macracantha · Weißdorn

○ Fr VF ‖ 5 m ↔ 5 m

Laub abwerfender Baum mit langen Dornen. Im Frühjahr Büschel weißer Blüten, später leuchtend karminrote Früchte. Herbstliche Laubfärbung.

Fagus sylvatica · Rotbuche

○ ◌ VF ‖ 25 m ↔ 20 m

Sommergrüner Laubbaum mit blassgrünen Blättern, die sich später dunkelgrün und im Herbst orangebraun färben. Sorten der Atropurpurea-Gruppe besitzen schwarzpurpurne Blätter.

Ilex aquifolium · Stechpalme

○ ◌ VF ‖ 20 m ↔ 6 m

Immergrüner aufrechter Baum mit glänzend dunkelgrünen, stachelig gezähnten Blättern. Befruchtete weibliche Pflanzen tragen leuchtend rote Beeren.

Phyllostachys bambusoides 'Allgold' · Bambus

○ ◌ BF ‖ 6-8 m ↔ unbegrenzt

Immergrün, horstbildend, mit gelben, mitunter grün gestreiften Halmen. Ausgezeichnet als schmaler Raumteiler. Durch Entfernen der Seitentriebe lässt sich die Ausbreitung einschränken.

Rosa glauca · Hechtrose

○ ◌ So VF ‖ 1,5-2,2 m ↔ 1,2-1,8 m

Mittelgroßer Strauch mit rotvioletten, fast dornenlosen Trieben und purpurrotblauen Blättern. Rosa Blüten im Hochsommer, im Herbst rote Hagebutten.

Taxus baccata · Eibe

○ ◌ VF ‖ 9-22 m ↔ 7,5-9 m

Immergrüne Konifere mit dunkelgrünen, abgeflachten Nadeln. Weibliche Pflanzen bringen im Winter fleischige, leuchtend rote Früchte hervor. Auch als Solitär geeignet.

Thuja plicata · Thuje

○ ◌ VF ‖ 20-30 m ↔ 5-8 m

Immergrüne Konifere. Rötlich braune Rinde, die sich im Laufe der Jahre abschält. Zerreibt man die dunkelgrünen Blätter, entfaltet sich Ananasaroma.

Bäume und Sträucher für Einzelstellung

Arbutus unedo · Erdbeerbaum

○ ◌ He FE ‖ 7,5 m ↔ 7,5 m

Immergrüner Baum. Dekorative Rinde, glänzend tiefgrüne Blätter. Im Herbst Büschel weißer, hängender Blüten mit erdbeerähnlichen roten Früchten.

Betula nigra · Schwarzbirke

◗ VF ‖ 20 m ↔ 10 m

Laub abwerfender, rasch wachsender Baum. Die rosa bis orangefarbene Borke wird an ausgewachsenen Bäumen braun und fest. Frisch grüne, rautenförmige Blätter, unterseits graugrün.

Betula populifolia · Birke

○ ◌ VF ‖ 6-12 m ↔ 5 m

Cremefarbene Borke. Kätzchen im zeitigen Frühjahr, gefolgt von dunkelgrünen Blättern, die im Herbst eine blassgelbe Färbung annehmen.

Betula utilis var. jacquemontii 'Silver Shadow' · Weißrindige Himalajabirke

○ ◌ VF ‖ 15 m ↔ 7,5-9 m

Laub abwerfender, offen verzweigter Baum mit weißer Rinde und langen, hängenden dunkelgrünen Blättern. Buttergelbe Herbstfärbung.

Cercis siliquastrum · Judasbaum

○ ◌ Fr VF ‖ 9 m ↔ 9 m

Büschel leuchtend rosa, wickenähnlicher Blüten gehen im Mittfrühling herzförmigen Blättern voraus. Im Sommer lange, flache purpurrote Fruchthülsen.

Citrus aurantium · Pomeranze

○ ◌ <7 FE ‖ 3-10 m ↔ 5-8 m

Reich verzweigter immergrüner Baum mit dunkelgrünem Laub. Im Frühjahr süß duftende weiße Blüten, aus denen große säuerliche Früchte werden.

Citrus limon · Zitrone

○ ◌ <7 Fr SE ‖ 3-10 m ↔ 5-8 m

Stark verzweigter immergrüner Baum. Dunkelgrüne, wächserne ovale Blätter und duftende weiße Blüten im Frühjahr, später bittere gelbe Früchte.

Cordyline fruticosa · Keulenlilie

○ ◌ So SE ‖ 2-4 m ↔ 1-2 m

Immergrüner aufrechter Strauch. Lange, schwertförmige grüne Blätter. Zahlreiche Formen mit Blattfarben von Purpurrot bis Schwarz über Rosa bis Gelb.

Cornus capitata · Hartriegel

○ ◌ Fr <7 VF ‖ 12 m ↔ 12 m

Halbimmergrüner bis immergrüner ausladender Baum mit ovalen graugrünen Blättern. Im Frühling umgeben blassgelbe Hochblätter unscheinbare Blüten. Später große rote Früchte.

Cornus florida · Blumenhartriegel

○ ◌ Fr <7 VF ‖ 6-9 m ↔ 6-9 m

Laub abwerfender Baum mit auffälligen weißen Hochblättern im späten Frühjahr. Im Herbst rote Früchte und purpurrotes Laub.

Cotinus coggygria 'Notcutt's Variety' · Perückenstrauch

○ ◌ Fr VF ‖ 3-4,5 m ↔ 3-4,5 m

Sommergrüner Strauch mit dunkelpurpurrotem Laub. Im Frühjahr erscheinen rosige Blüten an fiedrigen Rispen.

Crinodendron hookerianum · Laternenbaum

◗ So <7 FE ‖ 3 m ↔ 7 m

Immergrüner Strauch mit hängenden roten, laternenförmigen Blüten und schmalen dunkelgrünen Blättern. Benötigt einen geschützten Standort.

Dacrydium cupressinum · Rimu

○ ◗ FE ‖ 10 m ↔ 1,5 m

Langsam wachsende, doch sehr anmutige kegelförmige Konifere. Sollte als Blickfang gesetzt werden.

Euonymus fortunei 'Emerald 'n' Gold' · Spindelstrauch

○ ◌ VF ‖ 2 m ↔ 3 m

Immergrüner buschiger Strauch. Das leuchtend grüne Laub ist goldgelb gerandet und im Winter leicht rosa getönt. 'Silver Queen' zeigt dunkelgrüne Blätter mit weißem Rand.

Ficus benghalensis · Banyanbaum

○ ◗ SE ‖ 30 m ↔ unbegrenzt

Immergrüner ausladender Baum mit gelbbrauner Rinde und rotbraunen Luftwurzeln. Ledrige dunkelgrüne Blätter. Wunderschöne, paarige rote Feigen.

Garrya elliptica

◗ ◗ FE ‖ 6 m ↔ 2,5-4 m

Immergrüner buschiger Strauch mit ledrigen dunkelgrünen Blättern mit gewelltem Rand. Im Winter graugrüne Kätzchen, die bei männlichen Pflanzen länger sind als bei weiblichen.

Gymnocladus dioicus · Geweihbaum

○ ◌ So VF ‖ 20 m ↔ 15 m

Sommergrüner Baum, der wegen seiner großen Blätter gezogen wird: rosa beim Austrieb, dunkelgrün im Sommer und gelb im Herbst. Kleine weiße, sternförmige Blüten im Frühsommer.

Ilex verticillata · Stechpalme

○ ◌ VF ‖ 2 m ↔ 1,2-1,5 m

Dichter, Schösslinge bildender Strauch mit ovalen, gezähnten, leuchtend grünen Blättern. Im Herbst bringen bestäubte weibliche Pflanzen eine Fülle roter Beeren hervor, die den Winter über die unbelaubten Äste zieren.

Juniperus communis 'Hibernica' · Wacholder

○ ◌ VF ‖ 3-5 m ↔ 30 cm

Wüchsige Säulenkonifere. Mittel- bis gelbgrüne, glänzende aromatische Blätter. Die runden fleischigen Früchte, die bei der Herstellung von Gin verwendet werden, sind zunächst grün, dann blaugrau, bis sie im dritten Jahr ausgereift sind und sich schwarz färben.

Morus nigra · Schwarzer Maulbeerbaum

◗ ◌ BF ‖ 12 m ↔ 15 m

Rundlicher, Laub abwerfender Baum. Die tiefgrünen, herzförmigen Blätter nehmen im Herbst eine gelbe Färbung an. Im Spätsommer reifen saftige, essbare purpurrote Früchte. Der Baum wird im Alter knorrig.

Myrtus communis · Myrte

○ ◌ Fr FE ‖ 3 m ↔ 2,5-3 m

Immergrüner, dichter buschiger Strauch mit ovalen, dunkelgrün glänzenden aromatischen Blättern. Duftende weiße Blüten in der Frühlingsmitte, aus denen dunkelpurpurrote Beeren hervorgehen. Kann ähnlich wie Buchs geschnitten werden.

Olea europaea · Olivenbaum

○ ◌ FE ‖ 10 m ↔ 10 m

Immergrüner Baum mit länglichen, oberseits graugrünen, unterseits silbrigen Blättern. Unbedeutende Blüten, gefolgt von essbaren grünen Früchten, die später purpurrot bis schwarz werden.

Pinus bungeana · Silberkiefer

○ ▶ VF ⫶ 10 m ·· 8 m

Buschige, langsam wachsende Konifere mit dunkelgrünen Blättern und glatter graugrüner Rinde, die platanenartig abblättert und cremegelbe Stellen entstehen lässt, die später rot bis purpurrot nachdunkeln. Im Herbst dekorative Zapfen.

Pinus mugo · Bergkiefer

○ ○ VF ⫶ 3-5 m ·· 5-8 m

Dicht buschige, ausladende Konifere mit hell- bis dunkelgrünen Blättern und dekorativen Zapfen von mittlerer Größe. Die Äste wachsen zunächst niederliegend und biegen sich dann aufwärts. 'Ophir' ist eine Zwergsorte mit kompakter, kugeliger Form. Goldgelbes Winterlaub.

Platanus orientalis · Platane

○ ○ VF ⫶ 25 m ·· 25 m

Laub abwerfender, ausladender Baum mit großen, glänzenden, blassgrünen handförmigen Blättern und vielfarbiger, abblätternder Borke. Auf unauffällige Blüten folgen hängende, kugelförmige Fruchtstände. Verträgt ein gewisses Maß an Luftverschmutzung.

Plumeria obtusa · Frangipani

○ ○ So SE ⫶ 6 m ·· 6 m

Immergrüner, lockerer Baum mit langen, äußerst dunkelgrünen glänzenden Blättern und duftenden, reinweißen Blütenbüscheln mit zartgelber Mitte.

Prunus subhirtella 'Autumnalis' · Zierkirsche

○ ○ Wi VF ⫶ 8 m ·· 8 m

Sommergrüner ausladender Baum, der vom Spätherbst bis zum zeitigen Frühjahr zahlreiche kleine weiße, rosa überhauchte Blüten hervorbringt. Die ovalen Blätter sind dunkelgrün und werden im Herbst gelb.

Pseudowintera axillaris

○ ○ Fr FE ⫶ 3-8 m ·· 3-8 m

Immergrüner rundlicher Strauch mit ovalen, oberseits glänzend mittelgrünen, unterseits graublauen Blättern. Vom Spätfrühling an erscheinen Büschel kleiner, grünlich gelber Blüten, gefolgt von ebenso kleinen hellroten, kugelförmigen Früchten.

Quercus ilex · Steineiche

○ ○ >7 BF ⫶ 25 m ·· 20 m

Immergrüner dichter Baum mit runder Krone. Dunkle, glänzend grüne Blätter mit grauer Unterseite. Im Herbst kleine Eicheln. Für Mauern geeignet.

Tabebuia aurea

○ ○ SE ⫶ 7,5-10 m ·· 5 m

Langsam wachsendes, immergrünes Gehölz mit schlanker, unregelmäßiger Krone. Attraktive silbrig graugrüne, fingerförmige Blätter. Ganzjährig goldgelbe Blüten in Büscheln.

Tamarix gallica · Französische Tamariske

○ ○ So BF ⫶ 4 m ·· 6 m

Sommergrüner, ausladender kleiner Baum mit purpurroten jungen Trieben, die mit winzigen blaugrauen Blättern bedeckt sind und im Sommer rosa Blütentrauben tragen.

Pflanzen für Mauern

Campsis radicans · Trompetenblume

○ ○ So VF ⫶ 12 m

Sommergrüner Wurzelkletterer mit verholzenden Trieben. Im Spätsommer und zeitigen Herbst zeigen sich trompetenförmige, orange-scharlachrote bis gelbe Blüten.

Choenomeles japonica · Japanische Zierquitte

○ ○ Fr VF ⫶ 1 m ·· 2 m

Laub abwerfender dorniger Strauch. Im Frühjahr hellrote oder rotorange Blüten, gefolgt von gelben Früchten. An einer Mauer gezogen elegant. *Ch. speciosa* ist etwas größer und bringt von Spätwinter bis zum zeitigen Frühjahr Büschel hellroter Blüten hervor.

Clematis armandii · Waldrebe

○ ○ Fr BF ⫶ 3-5 m ·· 2-3 m

Immergrüne, starkwüchsige *Clematis*-Art mit ledrigen dunkelgrünen Blättern und duftenden weißen Blüten im zeitigen Frühjahr. Nur für geschützte Lagen oder Wintergärten.

Clematis montana · Bergwaldrebe

○ ○ Fr VF ⫶ 7-12 m ·· 2-3 m

Sommergrüne *Clematis* mit unzähligen einfachen weißen Blüten im späten Frühjahr. Besonders stark wachsend, leichter Duft. 'Elizabeth' besitzt blassrosa Blüten, die nach Vanille duften.

Clematis 'Nellie Moser'

▶ ○ So VF ⫶ 3,5 m ·· 1 m

Im Frühsommer rosa-malvenfarbene Blüten mit karminrotem Streifen auf jedem Blütenblatt. Pflanzung vor einer schattigen Mauer verhindert, dass die Blüten verblassen.

Cydonia oblonga · Quitte

○ ○ Fr VF ⫶ 5 m ·· 5 m

Laub abwerfender Baum mit ovalen, dunkelgrünen Blättern. Im Frühling große blassrosa Blüten, später tiefgelbe Früchte.

Cytisus battandieri · Geißklee

○ ○ So BF ⫶ 6 m ·· 4,5 m

Halbimmergrüner lockerer Strauch mit silbergrünen Blättern. Trauben mit duftenden gelben Blüten, die vom Früh- bis zum Hochsommer erscheinen.

Ficus carica · Feigenbaum

○ ○ >7 BF ⫶ 10 m ·· 10 m

Sommergrüner, reich verzweigter Strauch mit tief gelappten, hell- bis dunkelgrünen Blättern. In warmen Regionen im Sommer essbare Früchte.

Fremontodendron californicum · Flanellstrauch

○ ○ So FE ⫶ 6 m ·· 4 m

Wuchsfreudiger halbimmergrüner Strauch. Im Sommer Unmengen großer, auffallender, leuchtend gelber schalenförmiger Blüten, die zwischen dunkelgrünen Blättern erscheinen.

Hydrangea anomala ssp. **petiolaris** · Kletterhortensie

▶ ○ So VF ⫶ 9-15 m

Laub abwerfende, selbstklimmende Kletterpflanze mit Haftwurzeln an verholzenden Trieben. Im Frühsommer stehen Büschel winziger, cremefarbener Blüten an zarten Stielen.

Jasminum officinale · Echter Jasmin

○ ○ So FE ⫶ 12 m

Halbimmergrüner Kletterer mit verholzenden Trieben. Herrlich duftende Büschel mit kleinen weißen, sternförmigen Blüten, die sich im Sommer und Herbst öffnen. *J. o.* 'Aureum': leuchtend grünes Laub mit gelben Tupfern.

Lapageria rosea · Chile-Glocke

▶ ○ FE ⫶ 5 m

Immergrüner Kletterer mit verholzenden Trieben und ovalen, ledrigen dunkelgrünen Blättern. Von Frühling bis Herbst wächserne, rosa bis karminrote, hängende, glockige Blüten.

Lathyrus sylvestris · Waldplatterbse

○ ○ So VF ⫶ 2 m

Krautige Staude mit geflügelten Blattstielen und Fiederblättern mit Ranke. Rosa Blütentrauben im Sommer und frühen Herbst. Dankbar für eine Stütze.

Magnolia grandiflora · Magnolie

○ ○ So FE ⫶ 10 m ·· 10 m

Immergrüner rundlicher Baum, häufig vor Mauern gezogen. Große, nach Zitrone duftende weiße Blüten öffnen sich von Frühling bis Herbst.

Malus domestica · Apfel

○ ○ Fr VF ⫶ 10 m ·· 10 m

Laub abwerfender Baum, gut geeignet für Spaliere. Im Frühling erscheinen reizvolle duftende, weiße oder rosa Blüten, aus denen große süße Früchte hervorgehen, die im Herbst reif sind.

Mangifera indica · Mangobaum

○ ○ SE ⫶ 25-28 m ·· 30 m

Kuppelförmiger immergrüner Baum mit großen, spitzen, glänzend dunkelgrünen Blättern. Im Winter pyramidenförmige Büschel winziger, rosig weißer Blüten, aus denen essbare Früchte hervorgehen.

Mespilus germanica · Mispel

○ ○ VF ⫶ 12 m ·· 8 m

Sommergrüner ausladender Baum mit weißen Blüten im Frühling und Sommer und braunen Früchten im Herbst, die man halb verfault isst.

Parthenocissus henryana · Jungfernrebe

▶ ○ FE ⫶ 10 m

Wuchsfreudige sommergrüne Kletterpflanze mit Haftwurzeln. Im Sommer sind die Blätter grün mit weißen Adern, im Herbst lebhaft rot.

Parthenocissus tricuspidata

▶ ○ VF ⫶ 12-18 m

Starkwüchsiger sommergrüner Wurzelkletterer mit verholzenden, fest haftenden Trieben. Blätter im Sommer glänzend grün, im Herbst kräftig karmesin- bis leuchtend scharlachrot.

Passiflora vitifolia · Passionsblume

○ ○ SE ⫶ 6-10 m

Wüchsige Kletterpflanze mit langen, tiefgrünen Blättern. Große, duftende, tiefrote Blüten im Sommer; später kleine, vermutlich essbare Früchte.

Plumbago indica · Indischer Bleiwurz

○ ○ So SE ⫶ 2 m ·· 1-2 m

Halbimmergrüner bis immergrüner ausladender Strauch mit mittelgrünen, ovalen Blättern. Im Sommer endständige Trauben mit roten oder rosa Blüten.

Prunus armeniaca · Aprikose

○ △ >7 BF ⫶ 8 m ↔ 8 m

Sommergrüner kleiner Baum mit runder Krone. Im Frühling weiß-rosa Blüten, aus denen sich essbare orangefarbene Früchte entwickeln.

Prunus avium · Süßkirsche

○ △ >7 VF ⫶ 18-24 m ↔ 9-12 m

Laub abwerfender, ausladender Baum mit rot gestreifter Borke. Im Frühjahr Büschel weißer Blüten, aus denen tiefrote Früchte hervorgehen.

Prunus cerasus · Sauerkirsche

○ △ >7 VF ⫶ 5 m ↔ 6 m

Sommergrüner buschiger kleiner Baum. Dichte Büschel mit weißen Blüten im Spätfrühling, gefolgt von säuerlichen roten oder schwarzen Früchten. Verwandte der Schattenmorelle.

Prunus domestica · Pflaume

○ △ >7 VF ⫶ 5 m ↔ 6 m

Laub abwerfender, kleiner stacheloser Baum mit rosa überhauchten weißen Blüten im Frühjahr, aus denen purpurrote, essbare Früchte hervorgehen.

Prunus dulcis · Mandelbaum

○ △ Fr VF ⫶ 8 m ↔ 8 m

Sommergrüner, ausladender Baum, der im zeitigen Frühjahr große rosarote bis weiße Blüten trägt.

Prunus persica · Pfirsichbaum

○ △ >7 VF ⫶ 5 m ↔ 6 m

Laub abwerfender, buschiger kleiner Baum mit mittelgroßen blassrosa Blüten im zeitigen Frühjahr. Später runde, saftige Früchte.

Punica granatum · Granatapfelbaum

○ △ So FE ⫶ 2-8 m ↔ 2-8 m

Laub abwerfender, rundlicher Baum mit schmalen, länglichen Blättern. Im Sommer rote, trichterförmige Blüten, gefolgt von essbaren Früchten.

Pyrus communis · Birnbaum

○ △ VF ⫶ 10 m ↔ 7 m

Sommergrüner, schmal-kegelförmiger Baum. Die weißen Blüten erscheinen zusammen mit den dunkelgrünen Blättern von Mitte bis späten Frühling.

Rosa 'Gloire de Dijon'

○ △ VF ⫶ 4 m ↔ 2,5 m

Wuchsfreudige, steiftriebige kletternde Tee- oder Noisette-Rose. Von Frühsommer bis Herbst große, duftende, dicht gefüllte geviertelte Blüten in Cremegelb.

Rosa 'Maigold'

○ △ Fr VF ⫶ 2,5 m ↔ 2,5 m

Kräftige, früh blühende Kletterrose mit stacheligen, überhängenden Sprossen. Große, duftende, halbgefüllte, becherförmige bronzegelbe Blüten.

Stauntonia hexaphylla

○ △ Fr FE ⫶ 10 m

Immergrüner Kletterer mit verholzenden Trieben und dunkelgrünen Blättern. Im Frühjahr kleine blassviolette, duftende becherförmige Blüten.

Stephanotis floribunda · Kranzschlinge

◗ △ SE ⫶ 5 m

Immergrüner Kletterer mit strangartigen Trieben. In den Blattachseln kleine, wächserne, reinweiße duftende Blüten, die mehrmals im Jahr erscheinen.

Thunbergia erecta

◗ △ SE ⫶ 2-2,5 m

Wuchernder Kletterer oder Strauch mit trichterförmigen, violettblauen Blüten mit gelbem Schlund, die das ganze Jahr über erscheinen.

Trachelospermum asiaticum · Sternjasmin

○ △ So FE ⫶ 6 m

Immergrüner, windender Kletterer mit zahlreichen verholzenden Trieben und im Sommer unzähligen kleinen, stark duftenden weißen Blüten.

Trachelospermum jasminoides · Sternjasmin

○ △ So FE ⫶ 9 m

Windender, immergrüner Kletterer mit Büscheln stark duftender, kleiner weißer endständiger Blüten im Sommer. Glänzende lanzettliche Blätter.

Tropaeolum speciosum · Kapuzinerkresse

○ △ So BF ⫶ 4,5 m

Rhizombildende, krautige, windende Kletterpflanze mit blaugrünen Blättern. Im Sommer leuchtend scharlachrote Blüten, die blaue Früchte in tiefroten Kelchen hervorbringen.

Architektonische Pflanzen

Acer palmatum 'Dissectum'

◗ △ VF ⫶ 1,2 m ↔ 1,5 m

Eleganter, Laub abwerfender flachkroniger Baum mit niedrigem Wuchs. Das tief eingeschnittene fedrige Laub ist im Frühjahr grün, später orangerot-gelb. Ahorne der Dissectum-Atropurpureum-

Gruppe besitzen bronze- oder purpurrote Blätter, die sich im Herbst scharlachrot färben.

Agave americana 'Variegata'

○ △ So FE ⫶ 2 m ↔ 2 m

Ausdauernde Sukkulente. Schwertförmige blaugrüne Blätter mit gelbem Rand, die einer grundständigen Rosette entspringen. Im Frühling und Sommer erscheint eine große Rispe mit weißen Blüten.

Agave parviflora

○ △ So FE ⫶ 1,5 m ↔ 50 cm

Ausdauernde Sukkulente mit grundständiger Blattrosette. Aufrechte dunkelgrüne Blätter mit weißer Zeichnung. Im Sommer Rispe mit weißen glockenförmigen Blüten.

Agave utahensis

○ △ So FE ⫶ 25 cm ↔ 2 m

Ausdauernde Sukkulente mit basaler Rosette. Aufrechte, stachelige blaugraue Blätter mit langem dunklen Enddorn. Im Sommer erscheinen aufrechte Rispen mit gelben Blüten.

Aloë vera · Echte Aloe

○ △ Wi FE ⫶ 60 cm ↔ unbegrenzt

Gruppen bildende Sukkulente mit dicken, schwertförmigen, gefleckten grünen Blättern, die an den Rändern gezähnt sind. Im Winter und Frühjahr tragen die meterlangen Blütenstände glockige tiefgelbe Blüten.

Angelica archangelica · Engelwurz

◗ ◗ So VF ⫶ bis 2,5 m ↔ bis 1,5 m

Imposante Staude mit am Grunde bis zu armdicken Stängeln, fiederteiligen Blättern und im Sommer grünlich weißen Blüten in zusammengesetzten Dolden.

Chamaerops humilis · Zwergpalme

○ △ So FE ⫶ 1,5 m ↔ 1,5 m

Niedrig bleibende immergrüne Palme mit eleganten, hellgrünen bis graugrünen Fiederblättern; im Sommer aufrechte Blütenstände mit winzigen gelben Blüten.

Chimonobambusa quadrangularis · Bambus

○ △ VF ⫶ 2,5-3 m ↔ unbegrenzt

Kriechender Bambus mit schönen dunkelgrünen, viereckigen Halmen, mitunter purpurrot gemustert, und lanzettlichen Blättern. Die jungen Triebe sind essbar.

Cordyline australis 'Torbay Dazzler' · Keulenlilie

○ △ Fr FE ⫶ 6-9 m ↔ 1,8-2,7 m

Langsam wachsender immergrüner, meist einstämmiger Baum mit einer Krone schwertförmiger Blätter. Im Spätfrühling stehen cremeweiße, duftende Blüten in großen Rispen.

Cortaderia selloana · Pampasgras

○ △ VF ⫶ 2-3 m ↔ 1,2-1,5 m

Immergrünes, horstbildendes Gras mit graugrünen, überhängenden Blättern. Im Spätsommer cremefarbene oder silberne Federschöpfe auf langen Stielen.

Corylus avellana 'Contorta' · Korkenzieherhasel

○ △ VF ⫶ 4,5-6 m ↔ 4,5-6 m

Buschiger, Laub abwerfender Strauch mit bizarr gewundenen Trieben und Ästen. Mittelgrüne, breite, gezähnte Blätter mit Herbstfärbung. Im Spätwinter gelbe Kätzchen.

Cyathea cooperi

◗ △ FE ⫶ bis 12 m ↔ bis 6 m

Ein schöner Baumfarn für Einzelstellung in tropischen Gärten. Der Stamm trägt riesige hellgrüne, überhängende, fiederteilige Blätter.

Cynara cardunculus · Kardone

○ △ FE ⫶ 2,4 m ↔ 1-1,5 m

Imposante Staude mit silbergrauen, stacheligen, gelappten Blättern, die anmutig überhängen. Auf massiven Stielen blau-purpurne, distelähnliche Blütenköpfe.

Dicksonia antarctica

◗ △ FE ⫶ 10 m ↔ 4 m

Immergrüner Baumfarn mit kräftigem Stamm, der von braunen Fasern bedeckt ist und eine Krone aus großen, überhängenden, glänzenden bis mittelgrünen, fein gefiederten Wedeln trägt.

Dracaena marginata

○ △ SE ⫶ 4,5 m ↔ 1-2 m

Eleganter, langsam wachsender aufrechter Baum mit schmalem, stark verzweigtem Stamm. Schmale, riemenförmige grüne Blätter mit rotem Rand.

Echinopsis spachiana · Seeigelkaktus

○ △ So SE ⫶ 2 m ↔ 2 m

Gruppen bildender Kaktus mit dicken, gerippten, glänzend grünen Sprossen und blassgoldenen Areolen. Die weißen, duftenden trichterförmigen Blüten öffnen sich in Sommernächten.

Echium vulgare · Natternkopf
○ △ So VF ↕ 60-90 cm ↔ 30 cm
Zweijährig, mit aufrechten Stielen und schmal-lanzettlichen dunkelgrünen Blättern. Von Frühjahr bis Sommer Blütenstände mit kleinen tiefblauen oder purpurroten trompetenförmigen Blüten.

Echium wildpretii · Teneriffa-Natternkopf
○ △ So FE ↕ 2,5 m ↔ 60 cm
Aufrechte, unverzweigte zweijährige Staude. Rosette aus schmalen, lanzettförmigen silbrigen Blättern. Im späten Frühjahr und Sommer kompakte Blütenstände mit kleinen roten Blüten.

Ensete ventricosum · Zierbanane
○ △ FE ↕ 6 m ↔ 3 m
Immergrüne Staude. Kurzer, kräftiger Stamm mit palmenartigen Wedeln und rötlicher Mittelrippe. Rötlich grüne Blüten stehen versteckt zwischen dunkelroten Brakteen und entwickeln sich zu kleinen Früchten, die Bananen ähneln.

Fargesia nitida · Bambus
◗ ◗ VF ↕ 4 m ↔ 4 m
Besonders frostharter, horstig wachsender Bambus. Nach wenigen Jahren dichter Busch aus dünnen, biegsamen, zunächst weiß bemehlten, später dunkelgrünen oder rotbraunen Halmen.

Heliconia psittacorum · Papageienblume
◗ △ So SE ↕ 2 m ↔ 1 m
Büschelige Staude mit langstieligen tiefgrünen bananenartigen Blättern. Im Sommer exotische orangefarbene Blüten mit grünen Spitzen und schmalen, rotorange glänzenden Brakteen.

Livistona chinensis · Chinesische Fächerpalme
○ △ FE ↕ 12 m ↔ 7 m
Langsam wachsende immergrüne Palme. Kräftiger Stamm mit glänzenden, überhängenden Fiederblättern. Ausgewachsene Exemplare bringen im Sommer unscheinbare Blüten hervor, aus denen lockere Büschel beerenähnlicher schwarzer Früchte entstehen.

Mahonia japonica · Mahonie
◗ ◗ Fr VF ↕ 1,5-2,7 m ↔ 2,5-3,7 m
Aufrechter immergrüner Strauch mit glänzenden tiefgrünen Blättern mit zahlreichen spitzen Fiedern. Im Spätwinter und Frühling lange, ausladende Rispen mit duftenden gelben Blüten, gefolgt von blauschwarzen Beeren.

Musa basjoo · Japanische Faserbanane
○ △ FE ↕ 3-5 m ↔ 2-2,5 m
Schösslinge bildende, immergrüne palmenartige Staude mit kurzem Stamm und breiten, schwertförmigen hellgrünen Blättern, die bis zu 1 m lang werden. Blassgelbe Blüten im Sommer, später ungenießbare grüne Früchte.

Opuntia robusta · Opuntie
○ △ So SE ↕ 5 m ↔ 5 m
Buschiger Kaktus mit silbrig blauen, abgeflachten und gegliederten stacheligen Sprossen. Im Frühling und Sommer gelbe schalenförmige Blüten.

Pachycereus marginatus
○ △ So SE ↕ 7 m ↔ 3 m
Ausdauernder säulenartiger Kaktus. Gerippte, glänzende, verzweigte Sprosse mit kleinen Stacheln. Im Sommer trichterförmige weiße Blüten.

Pandanus pygmaeus · Schraubenbaum
○ △ SE ↕ 1 m ↔ 60 cm
Immergrüner, stammloser Baum mit schmalen, hübsch gezeichneten Blättern mit gelben Streifen.

Phormium 'Dazzler' · Neuseeländer Flachs
◗ △ So FE ↕ 1,8-3,7 m ↔ 1,2-1,8 m
Immergrüne aufrechte Staude mit langen, schwertförmigen, dunkelgrünen Blättern, in Längsrichtung rot, bronzefarben, lachsrosa und gelb gestreift. Im Sommer Rispen röhrenförmiger, trübroter Blüten. Sorten der Purpureum-Gruppe haben rötlich purpurrote bis dunkelkupferfarbene Blätter und rötliche Blüten. 'Sundowner' besitzt bronzegrüne Blätter mit tiefrosa Rändern und rosa Blüten.

Phyllostachys nigra · Bambus
○ △ BF ↕ 6-8 m ↔ unbegrenzt
Horstbildender Bambus mit mittelgrünen Blättern und überhängenden Halmen, die zunächst grün sind, später braun und schwarz gefleckt. *P. n.* var. *henonis* besitzt hellgrün austreibende, später gelbbraune Halme.

Pleioblastus variegatus · Bambus
○ △ VF ↕ 60-120 cm ↔ unbegrenzt
Immergrüner Bambus mit blassgrünen Halmen und spitzen schmalen, leicht behaarten gestreiften Blättern. Breitet sich rasch aus, mitunter wuchernd.

Pritchardia pacifica
○ △ SE ↕ 10 m ↔ 6 m
Langsam wachsende, anmutige Fächerpalme. Gerippter Stamm mit braunen Ringen. Krone aus überhängenden fächerförmigen Blättern.

Protea cynaroides · Königsprotea
○ △ <7 So SE ↕ 1,5 m ↔ 1,5 m
Immergrüner, rundlicher, buschiger Strauch. Im Frühling und Sommer sehr große, rosa seerosenähnliche Blütenköpfe zwischen rosa bis roten Brakteen.

Selenicereus grandiflorus · Königin der Nacht
◗ △ So SE ↕ 3 m ↔ unbegrenzt
Ausladender Kaktus mit langen schlanken gerippten Sprossen, die Areolen mit kurzen Stacheln und stützende Luftwurzeln tragen. Große weiße Blüten, die sich in Sommernächten öffnen.

Trachycarpus fortunei · Hanfpalme
○ △ So BF ↕ 9-15 m ↔ 2,5-3 m
Immergrüne Palme, mit Fasern bedeckt und von großen, überhängenden, tief eingeschnittenen mittelgrünen Wedeln gekrönt. Im Frühsommer Massen cremegelber, duftender Blüten.

Yucca gloriosa · Yucca
○ △ So FE ↕ 1,8-2,5 m ↔ 1,2-1,8 m
Immergrüner Strauch. Kräftiger Stamm mit Rosetten blaugrüner bis dunkelgrüner Blätter. Im Sommer glockenförmige Blüten in mannshohen Rispen.

Yucca whipplei · Yucca
○ △ So FE ↕ 1,5 m ↔ 90-120 cm
Immergrüner, fast stammloser Strauch. Bildet eine dichte Rosette aus spitzen, schlanken blaugrünen Blättern. Im Spätfrühling 3 m hoher Blütenstand mit grünlich weißen, glockigen Blüten.

Rank- und Kletterpflanzen

Bougainvillea sp.
○ △ Fr SE ↕ 7,5-12 m ↔ unbegrenzt
Gattung dorniger Sträucher und Kletterpflanzen mit kleinen ovalen Blättern und kleinen, kurzlebigen Röhrenblüten in endständigen Dreiergruppen. Die unscheinbaren Blüten sind von auffällig gefärbten, langlebigen Brakteen umgeben. 'Barbara Karst', kletternde Sorte mit leuchtenden, lebhaft rot bis purpurroten Brakteen; *B. glabra* 'Singapore Beauty', kletternd, magentarot; *B. spectabilis*, kletternd, rosa.

Humulus lupulus · Gemeiner Hopfen
○ △ So VF ↕ 6 m
Krautiger, windender Kletterer mit behaarten Trieben und borstigen, tief gelappten hellgrünen gezähnten Blättern. Im Spätsommer grünliche weibliche Blütenköpfe in hängenden Büscheln.

Ipomoea tricolor 'Heavenly Blue' · Prunkwinde
○ △ So FE ↕ 3-4,5 m
Kurzlebige, windende Kletterstaude mit weichen haarigen Trieben, die am besten als Einjährige gezogen wird. Im Sommer trichterförmige tief- bis blaupurpurne Blüten mit weißem Schlund.

Lonicera periclymenum · Waldgeißblatt
○ △ So VF ↕ 7 m
Sommergrüne, windende Kletterpflanze mit verholzenden Trieben und ovalen Blättern. In Frühling und Sommer duftende weiße und gelbe, rosa und rot überlaufene Röhrenblüten. 'Graham Thomas' zeigt weiße Knospen, die sich zu gelben Blüten öffnen.

Vitis coignetiae · Rebe
◗ △ VF ↕ 15 m
Wuchsfreudige, Laub abwerfende Kletterpflanze mit verholzenden Trieben und großen, herzförmigen dunkelgrünen Blättern, die sich im Herbst orange-purpurrot-braun und scharlachrot färben. Kleinen blassgrünen Blüten folgen ungenießbare schwarze Beeren.

Vitis vinifera · Weinrebe
○ △ BF ↕ 9 m
Ledrige, dunkelgrüne, gelappte rundliche Blätter mit herbstlicher Rotfärbung. Winzigen blassgrünen Blüten im Sommer folgen essbare Früchte.

Wisteria floribunda · Glyzine
○ △ So VF ↕ 9 m
Sommergrüner, windender Kletterer mit verholzenden Trieben. Die hell- bis mittelgrünen fiedrigen Blätter erscheinen im Frühsommer zusammen mit hängenden Trauben duftender violettblauer, wickenartiger Blüten. 'Alba' besitzt weiße Blüten.

Wisteria frutescens · Glyzine
○ △ So BF ↕ 9 m
Sommergrüner, windender Kletterer mit verholzenden Trieben und eiförmigen Fiederblättchen. Im Sommer duftende blasslila bis purpurrote Blütentrauben mit gelbem Fleck.

Wisteria sinensis · Glyzine

○ △ Fr VF ⌄ 30 m

Wuchsfreudiger, sommergrüner Kletterer mit verholzenden Trieben. Trauben duftender, malvenfarben bis lila oder blassvioletter Blüten im Frühsommer, gefolgt von samtigen Fruchthülsen. 'Alba' ist eine weiße Sorte.

Blattschmuckpflanzen

Acalypha wilkesiana 'Godseffiana'

○ ◗ SE ⌄ 5 m ↔ 4 m

Verholzender Strauch mit großen ovalen, bronzegrünen Blättern, fast so breit wie lang und rot, purpurrot und kupferfarben gesprenkelt. Dazwischen hängen lange schmale, kätzchenartige rote Blütenstände.

Acanthus spinosus · Stachelakanthus

○ △ So VF ⌄ 1,2 m ↔ 60 cm

Staude mit großen, tief eingeschnittenen, überhängenden Blättern mit spitzen Stacheln. Im Sommer Blütenstände mit trichterförmigen Blüten in Malvenfarben und Weiß.

Adiantum pedatum · Frauenhaarfarn

◗ ◗ <7 VF ⌄ 45 cm ↔ 45 cm

Wuchsfreudiger, halbimmergrüner Farn. Die aufrechten, leicht überhängenden mittelgrünen, fingerartig gefiederten Wedel sind leicht wellig. Verblassende Wedel regelmäßig entfernen.

Adiantum venustum · Frauenhaarfarn

◗ ◗ BF ⌄ 23 cm ↔ 30 cm

Sommergrüner Farn mit blassgrünen zarten Wedeln, die beim Austrieb ins Braune spielen. Glänzende Stiele mit dreieckigen Fiedern, die anmutig überhängen. Bevorzugt sauren Boden.

Aechmea fosteriana

○ △ SE ⌄ 60 cm ↔ 30 cm

Bromelie mit kräftig gefärbtem, röhrenförmigem Trichter aus steif aufrechten hellgrünen Blättern, unterseits purpurrot-braun gestreift. Blütenstand mit roten Hochblättern und gelben Blüten.

Alocasia sanderiana

◗ △ SE ⌄ 1 m ↔ 60 cm

Immergrüne, horstbildende Staude, beliebt wegen ihrer auffallenden, herzförmigen dunkelgrünen Blätter mit weißen Adern und welligem Rand. Unscheinbarer Blütenstand im Sommer.

Asplenium scolopendrium · Hirschzunge

◗ ◗ BF ⌄ 30-60 cm ↔ 25-50 cm

Immergrüner bis halbimmergrüner Farn mit Büscheln hellgrüner, aufrecht lanzettlicher, ledriger Wedel. Für kalkhaltige Böden geeignet.

Asplenium trichomanes · Brauner Streifenfarn

◗ ◗ VF ⌄ 15 cm ↔ 15-30 cm

Halbimmergrüner Farn mit langen, schlanken, spitz zulaufenden Wedeln aus dunkelgrünen Fiedern mit gerundeter Spitze. Die glänzenden dünnen Stiele sind dunkelbraun bis schwarz.

Athyrium filix-femina · Wald-Frauenfarn

◗ ◗ VF ⌄ 45-90 cm ↔ 45-90 cm

Zierliche, blassgrüne, überhängende, gefiederte Wedel erheben sich aus aufrechten Rhizomen.

Bergenia ciliata · Bergenie

○ △ Fr BF ⌄ 30-35 cm ↔ 50 cm

Horstbildende, halbimmergrüne Staude mit großen, rundlichen, behaarten Blättern. Im Frühjahr erscheinen weiße Blüten, die rosa verblühen.

Blechnum chilense · Rippenfarn

◗ ◗ BF ⌄ 30-100 cm ↔ 30-60 cm

(Halb)immergrüner Farn mit äußerem Ring aus schwertförmigen mittelgrünen Wedeln, die stark gezähnt und symmetrisch angeordnet sind. Der innere Ring besteht aus fransigen braunen Wedeln.

Codiaeum variegatum var. *pictum* · Kroton

○ △ SE ⌄ 1,3 m ↔ 1,3 m

Immergrüner aufrechter Strauch mit exotischen, glänzenden, ledrigen Blättern in unterschiedlichen Formen und Größen. Auch die Farben variieren, häufig ist eine Mischung aus Gelb, Rosa, Orange und Rot.

Dryopteris filix-mas · Wurmfarn

● ◗ VF ⌄ 1,2 m ↔ 1 m

Halbimmergrüner Farn mit spießförmigen, fein gefiederten, glänzend tiefgrünen überhängenden Wedeln, die federballförmig aufgestellt sind.

Festuca glauca · Blauschwingel

○ △ VF ⌄ 15-30 cm ↔ 20-25 cm

Büscheliges, immergrünes, ausdauerndes Gras. Schmale, blaugrüne bis silbrige Blätter. Im Sommer aufrechte Blütenstiele mit violetten Ährchen.

Gunnera tinctoria · Mammutblatt

○ ◗ BF ⌄ 1,5 m ↔ 1,5 m

Staude mit großen, runden, runzeligen und gelappten Blättern. Winzige rötlich grüne Blüten im Frühsommer.

Hakonechloa macra 'Aureola'

○ △ BF ⌄ 40 cm ↔ 45-60 cm

Langsam wachsendes, ausdauerndes Gras. An purpurroten Stielen spitz zulaufende, bandähnliche, überhängende Blätter. Zunächst hellgelb mit feinen grünen Streifen, werden sie später häufig rötlich braun.

Helictotrichon sempervirens · Wiesenhafer

○ △ VF ⌄ 90-120 cm ↔ 60 cm

Immergrüne Staude mit steifen, schmalen silberblauen Blättern. Im Sommer erscheinen strohgelbe Blütenähren.

Hosta (in Arten und Sorten) · Funkie

◗ △ VF ⌄ und ↔ *siehe einzelne Arten*

Gattung horstbildender Stauden, sehr beliebt wegen ihres dekorativen Blattwerks. Sie eignen sich gut als Bodendecker in schattigen Lagen, sind aber anfällig für Schneckenfraß.

H. crispula ⌄ 75 cm ↔ 1 m
Große, ovale bis herzförmige, am Rand gewellte Blätter; dunkelgrün mit unregelmäßigem Rand. Blass malvenfarbene, trompetenförmige Blüten.

H. fortunei 'Aureo-marginata'
⌄ 75-100 cm ↔ 1 m
Ovale bis herzförmige, mittelgrüne Blätter, cremegelb gerandet. Violette, trompetenförmige Blüten. Auch für sonnige Standorte geeignet.

H. 'Halcyon' ⌄ 30 cm ↔ 1 m
Herzförmige, blaugraue Blätter. Trompetenförmige, violett-malvenfarbene Blüten.

H. sieboldiana ⌄ 1 m ↔ 1,5 m
Große, blaugraue, herzförmige faltige Blätter, die tief gerippt sind. Blass fliederfarbene, trompetenförmige Blüten.

H. sieboldii ⌄ 45 cm ↔ 60 cm
Starkwüchsig. Mittel- bis dunkelgrüne, lanzettliche Blätter mit runden Spitzen und weißem Rand. Blüten violett.

H. ventricosa ⌄ 70 cm ↔ 1 m
Glänzende, dunkelgrüne, herzförmige Blätter mit leicht welligem Rand. Tief purpurrote, glockenförmige Blüten.

Myosotidium hortensia · Riesen-Vergissmeinnicht

◗ ◗ So BF ⌄ 45-60 cm ↔ 60 cm

Immergrüne Staude. Große, glänzende, gerippte, mitunter eingerollte Blätter. Im Sommer große Kugeln mit Vergissmeinnichtblüten. Lässt sich nur ungern umsetzen.

Neoregelia carolinae

◗ △ So SE ⌄ 20-30 cm ↔ 40-60 cm

Immergrüne Bromelie. Hellgrüne, glänzende, riemenförmige, fein gezähnte stachelige Blätter. Im Sommer Büschel kompakter, blau bis purpurroter Blüten mit roten Hochblättern.

Onopordum acanthium · Eselsdistel

○ △ So VF ⌄ 1,8 m ↔ 90 cm

Verzweigte, langsam wachsende aufrechte Zweijährige. Große, gelappte, stachelige hell silbergraue Blätter. Im Sommer erscheinen tief purpurrote Blütenköpfe.

Polystichum setiferum · Schildfarn

◗ ◗ VF ⌄ 60-120 cm ↔ 75-90 cm

Halbimmergrüner/immergrüner Farn mit breit-schwertförmigen, gefiederten, weichen dunkelgrünen Wedeln.

Smyrnium olusatrum · Pferdeeppich

○ △ VF ⌄ 60-150 cm ↔ 1 m

Langsam wachsende, aufrechte Zweijährige mit glänzenden, hellgrünen Blättern. Im Spätfrühling entfalten sich große, gelbgrüne Blüten, aus denen später glatte schwarze Früchte hervorgehen.

Strobilanthes dyerianus · Zapfenblume

◗ △ SE ⌄ 1,2 m ↔ 1 m

Weichstängeliger Strauch. Oval-lanzettliche gezähnte Blätter, bis 15 cm lang, dunkelgrün, violett überhaucht mit silbrigem Schein; unterseits dunkelpurpur. Unbedeutende fahlblaue Röhrenblüten.

Bodendecker

Ajuga reptans · Kriechender Günsel

○ △ Fr VF ⌄ 15 cm ↔ 1 m

Immergrüne kriechende Staude. Im Frühling hellblaue Blüten in kurzen Scheinquirlen. Dunkelgrüne, spatelförmige Blätter. Für Sonne und Schatten geeignet.

Alchemilla mollis · Frauenmantel

☽ △ So VF ↕ 50 cm ↔ 50 cm

Staude mit rundlichen, blassgrünen Blättern mit gewelltem Rand. Im Sommer winzige grüngelbe Blüten in Rispen.

Asarum canadense · Haselwurz

☽ △ VF ↕ 10 cm ↔ 15 cm

Niedrige Staude mit ledrigen, dunkelgrünen, ovalen Blättern. Im Frühling kleine, braune bis purpurrote Blüten.

Convolvulus sabatius · Blaue Mauritius

○ △ So FE ↕ 15-20 cm ↔ 30 cm

Kriechende oder hängende Staude mit schlanken Stielen. Im Sommer und Frühherbst kräftig blaue bis purpurrote, trompetenförmige Blüten.

Dorotheanthus bellidiformis · Mittagsblume

○ △ So SE ↕ 15 cm ↔ 30 cm

Einjährig. Bildet einen Teppich aus fleischigen, lanzettlichen, graugrünen bis grünen Blättern. Kleine Blüten in Rot-, Orange-, Gelb- und Rosatönen.

Hedera helix · Efeu

☽ △ VF ↕ 10 m ↔ 5 m

Mit Haftwurzeln kletternde oder kriechende immergrüne Staude. Dunkelgrüne, glänzende, gelappte Blätter mit blasserer Aderung. Unscheinbare blassgrüne Blüten im Sommer, später schwarze Beeren.

Hosta-Arten · Funkien

Alle Funkien lassen sich gut als Bodendecker einsetzen. Details siehe Seite 147.

Hypoestes phyllostachya · Punktblume

○ △ He SE ↕ 75 cm ↔ 75 cm

Immergrüne Staude mit tiefgrünen, herzförmigen Blätter mit rosa Punkten. Von Spätsommer bis Winter kleine, lavendelfarbene Röhrenblüten.

Impatiens hawkeri · Balsamine

☽ △ So SE ↕ 60 cm ↔ 30 cm

Krautige Staude, meist einjährig gezogen. Sukkulente, rötliche Sprosse; gesägt-eiförmige Blätter und große rote Blüten. *I. platypetala* hat kürzere Blätter und kleinere, karminrote Blüten.

Lamiastrum galeobdolon · Goldnessel

○ △ Fr VF ↕ 30 cm ↔ unbegrenzt

Halbimmergrüne Staude. Ovale, mittelgrüne Blätter mit silberner Zeichnung. Kleine, gelbe Blüten im Spätfrühling.

Mahonia aquifolium · Mahonie

☽ ☽ Fr VF ↕ 60-90 cm ↔ 90-150 cm

Immergrüner, dickichtbildender Strauch. Glänzend grüne, ovale, gefiederte Blätter, zum Winter hin häufig rot oder purpurrot gefärbt. Im Frühling gelbe Blüten, aus denen blauschwarze Beeren hervorgehen.

Pereskia aculeata

○ △ So SE ↕ 10 m ↔ 5 m

Laub abwerfender, ausladender Kaktus mit stacheligen Sprossen. Dickfleischige, dunkelgrüne Blätter mit schwarzen Stacheln. Große, duftende, weiße, gelbe oder rosige Blüten mit orangeroter Mitte erscheinen den ganzen Sommer über.

Phlox divaricata · Phlox

☽ △ So VF ↕ 30 cm ↔ 20 cm

Halbimmergrüne, ausbreitend wachsende Staude mit ovalen Blättern. Im Frühsommer lavendelblaue, schalenförmige Blüten in Trauben.

Pulmonaria officinalis · Lungenkraut

○ △ Fr VF ↕ 25-30 cm ↔ 30-45 cm

Horstbildende immergrüne Staude. Borstige, herzförmige Blätter mit silberfarbenen Tupfern. Vom zeitigen bis späten Frühling erscheinen rosa Blüten, die violett bis blau verblühen. Schattenverträglich.

Rubus tricolor

○ △ So VF ↕ 60 cm ↔ 2 m

Immergrüner Strauch mit niederliegenden bis überhängenden Trieben mit zarten roten Borsten. Dunkelgrüne, glänzende, gezähnte ovale Blätter und im Hochsommer becherförmige weiße Blüten. Essbare schwarze Früchte.

Saxifraga cuneifolia · Keilblättriger Steinbrech

☽ △ So VF ↕ 15-20 cm ↔ 30 cm

Immergrüne Staude, bildet im Spätfrühling bis Frühsommer einen Teppich aus rundblättrigen Rosetten. Rispen mit winzigen weißen Blüten, rot, rosa oder gelb gefleckt.

Saxifraga sempervivum · Steinbrech

☽ △ Fr VF ↕ 10-15 cm ↔ 10-15 cm

Polster bildender immergrüner Steinbrech mit büscheligen, silbergrünen Blättern in dichten Rosetten. Trauben mit tiefroten Blüten erscheinen im zeitigen Frühjahr.

Tradescantia spathacea · Dreimasterblume

○ △ SE ↕ 45 cm ↔ 45 cm

Horstbildende Staude. Schwertförmige, steife sukkulente Blätter an sehr kurzen Stielen; oberseits tiefgrün, unterseits tiefpurpurrot bis rot. Kleine weiße Blüten in zwei großen, purpurroten, bootförmigen Tragblättern.

Tradescantia virginiana · Dreimasterblume

○ △ Fr VF ↕ 35 cm ↔ 60 cm

Dreimasterblume mit riemenförmigen, locker fallenden grünen Blättern. Von Frühling bis Frühsommer zeigen sich zu mehreren stehende, dreieckige blaue, rosa oder weiße Blüten.

Tropaeolum majus · Kapuzinerkresse

○ △ So SE ↕ 30 cm ↔ 1 m

Rasch wachsende, kriechende Einjährige mit hellgrünen runden Blättern. Trompetenförmige Blüten in Rot- und Gelbschattierungen von Sommer bis Herbst. Essbare Blüten und Blätter.

Vinca minor · Immergrün

☽ ☽ Fr VF ↕ 30 cm ↔ 1,5 m

Matten bildender immergrüner Halbstrauch. Sprosse mit kleinen, glänzenden, dunkelgrünen ovalen Blättern. Von Frühlingsmitte bis Frühsommer kleine purpurrote bis blaue Blüten.

Kräuter

Achillea millefolium · Schafgarbe

○ △ So VF ↕ 80 cm ↔ 60 cm

Wüchsige, aufrechte Staude mit farnartigem Laub; im Sommer kleine weiße Blüten in großen, tellerförmigen Blütenköpfen. Kann als Winterdekoration getrocknet werden.

Allium sativum · Knoblauch

○ △ VF ↕ 60 cm ↔ 22 cm

Zu kulinarischen Zwecken gezogene Zwiebelpflanze. Dünne, lanzettliche, aufrecht stehende Blätter. Häufig zeigen sich am Blütenkopf nur Brutknospen, doch bilden sich zwischen den Blütenknospen winzige Zwiebeln.

Allium schoenoprasum · Schnittlauch

○ △ So VF ↕ 30 cm ↔ 5-10 cm

Frostharte, horstbildende Zwiebelpflanze mit schmalen, aromatischen, hohlen, aufrechten dunkelgrünen Blättern. Im Sommer erscheinen Dolden mit winzigen, glockigen purpurroten Blüten.

Anethum graveolens · Dill

○ △ So VF ↕ 60-150 cm ↔ 30 cm

Aufrechte Einjährige mit fein verzweigten, fedrigen, aromatischen Blättern. Im Sommer zeigen sich in flachen Blütenköpfen winzige gelbgrüne Blüten.

Artemisia abrotanum · Eberraute

○ △ So VF ↕ 75 cm ↔ 75 cm

Halbimmergrüner/sommergrüner buschiger Strauch mit graugrünem bis silbergrauem, aromatischem Laub. Im Sommer unscheinbare gelbe Blüten.

Artemisia absinthium · Wermut

○ △ So VF ↕ 1 m ↔ 1,2 m

Verholzende, immergrüne buschige Staude mit fein gefiederten, graugrünen, aromatischen Blättern. Im Sommer stehen unscheinbare graue Blütenköpfchen in langen Rispen. Nicht zum Verzehr geeignet.

Chamaemelum nobile · Römische Kamille

○ △ So VF ↕ 10 cm ↔ 45 cm

Immergrüne, Matten bildende Staude mit kurzen, aromatischen, fein gefiederten hellgrünen Blättern. Im Spätsommer öffnen sich weiße margeritenartige Blüten mit gelber Mitte.

Coriandrum sativum · Koriander

○ △ So VF ↕ 60 cm ↔ 30 cm

Zarte, aufrechte Einjährige, wegen ihrer aromatischen hellgrünen Blätter und Samen gezogen. Im Sommer weiße Blüten.

Foeniculum vulgare · Fenchel

○ △ So VF ↕ 2 m ↔ 45 cm

Aufrechte, verzweigte Staude mit fein zerteiltem, hellgrünem Laub. Im Sommer große, flache Teller kleiner gelber Blüten. Alle Pflanzenteile sind essbar.

Hyssopus officinalis · Ysop

○ △ So VF ↕ 60 cm ↔ 1 m

Halbimmergrüner/sommergrüner, aufrechter dichter Strauch mit hellgrünen, schmalen, aromatischen Blättern. Vom Hochsommer bis Frühherbst dichte, ährige Blütenstände mit dunkelblauen Blüten.

Laurus nobilis · Lorbeerbaum

○ △ Fr VF ↕ 3-10 m ↔ 2,5-5 m

Für Schnitt und Formierung geeigneter Strauch. Glänzende, dunkelgrüne, schmal-ovale, stark aromatische Blätter. Im Frühjahr kleine blasse sternförmige Blüten, denen schwarze Früchte folgen.

Lavandula angustifolia · Echter Lavendel

○ △ So VF ↕ 30-90 cm ↔ 30-120 cm
Immergrüner buschiger Strauch mit schmalen, aromatischen, silbergrauen Blättern. Im Sommer erscheinen Ähren mit stark duftenden, malvenfarbenen bis purpurroten Blüten. *L. a.* 'Alba' besitzt weiße Blüten.

Lavandula stoechas · Schopflavendel

○ △ So BF ↕ 50-75 cm ↔ 50-75 cm
Buschiger, dichter, immergrüner Strauch mit schmalen, silbergrauen aromatischen Blättern. Im Sommer Blütenähren mit winzigen, duftenden, tiefpurpurroten Blüten, von fedrigen auffälligen Hochblättern umgeben.

Mentha spicata · Ährenminze

○ △ So VF ↕ 45-60 cm ↔ unbegrenzt
Frostharte Staude mit aromatischen dunkelgrünen, gesägten Blättern. Im Sommer purpurrote bis malvenfarbene Blüten.

Mentha × piperita · Pfefferminze

○ △ So VF ↕ 30-60 cm ↔ unbegrenzt
Frostharte Staude. Aromatische ovale, leicht gezähnte mittelgrüne Blätter. An rötlich grünen Sprossen entstehen im Sommer Ähren mit kleinen purpurroten Blüten.

Monarda 'Croftway Pink' · Indianernessel

◗ △ So VF ↕ 1 m ↔ 45 cm
Horstbildende Staude. Im Sommer entfalten sich in Quirlen stehende, zartrosa Blüten über aromatischen, ovalen, gezähnten, mittelgrünen, behaarten Blättern.

Nepeta nervosa · Katzenminze

○ △ So VF ↕ 35 cm ↔ 30 cm
Horstbildende Staude. Überhängende Sprosse mit spitzen, lanzettlichen, mittelgrünen Blättern. Von Früh- bis Hochsommer erscheinen kleine blassblaue Röhrenblüten.

Nepeta × faassenii · Katzenminze

○ △ So VF ↕ 45-60 cm ↔ 45-60 cm
Buschige Staude, gut als Pflanze für Einfassungen geeignet. An Horsten mit kleinen graugrünen Blättern entstehen im Frühsommer lockere Blütenähren mit blasslavendelblauen Röhrenblüten.

Ocimum basilicum · Basilikum

○ △ So ↕ 45 cm ↔ 10 cm
Frostempfindliche aufrechte Einjährige. Stark aromatische, hellgrüne ovale Blätter, sehr beliebt in der Mittelmeerküche.

Origanum dictamnus · Diptamdosten

○ △ So BF ↕ 12-15 cm ↔ 40 cm
Krautige, sich ausbreitende Staude. Kleine aromatische weißfilzige Blätter und winzige Blüten in purpurroten Tragblättern. Ideal für Steingärten. Tee aus den Blättern gilt als Allheilmittel.

Origanum majorana · Majoran

○ △ So BF ↕ 30 cm ↔ 30 cm
Oft einjährig gezogener Halbstrauch. Aromatische, runde blassgrüne Blätter. Im Sommer winzige weiße Blüten.

Origanum vulgare · Oregano

○ △ So VF ↕ 45 cm ↔ 45 cm
Matten bildende, sich ausbreitende Staude mit dunkelgrünen, aromatischen, leicht behaarten Blättern. Im Sommer rispige Blütenstände mit winzigen malvenfarbenen Röhrenblüten. *O. v.* ssp. *hirtum* besitzt behaarte graugrüne Blätter und weiße Blüten.

Petroselinum crispum · Petersilie

○ △ So VF ↕ 30-40 cm ↔ 30 cm
Frostharte Zweijährige mit hellgrünen, krausen Blättern mit mildem Geschmack. Im Sommer flache Dolden mit kleinen cremeweißen Blüten.

Phlomis fruticosa · Brandkraut

○ △ So BF ↕ 1,2 m ↔ 1,2 m
Ausladender immergrüner Strauch mit aufrechten Sprossen und salbeiartigen graugrünen Blättern mit silbrigem Rand. Tiefgoldgelbe Blüten im Sommer.

Pimpinella anisum · Anis

○ △ So VF ↕ 15-50 cm ↔ 15-50 cm
Einjährige mit unauffälligen weißen Blüten in lockeren Dolden. Grundblätter rundlich, Stängelblätter fiederschnittig. Alte Gewürz- und Heilpflanze.

Rosmarinus officinalis · Rosmarin

○ △ Fr BF ↕ 1,5-1,8 m ↔ 1,5 m
Dichter, buschiger immergrüner Strauch. Aromatische, schmale, graugrüne nadelartige Blätter mit silbriger Unterseite. Kleine, blaupurpurne Blüten von Frühling bis Frühsommer.

Ruta graveolens · Weinraute

○ △ So VF ↕ 60-90 cm ↔ 60-75 cm
Buschiger, gedrungener immergrüner Halbstrauch. Spitzes, fein gefiedertes blaugrünes Laub und grünlich gelbe Blüten im Sommer.

Santolina chamaecyparissus · Heiligenkraut

○ △ So BF ↕ 75 cm ↔ 1 m
Immergrüner, rundlich kompakter Strauch mit schmalen, länglichen weißen Blättern an grauweißen filzigen Trieben. Von Hoch- bis Spätsommer knopfförmige hellgelbe Blüten.

Stachys officinalis · Ziest

○ △ So VF ↕ 45-60 cm ↔ 30-45 cm
Matten bildende Staude mit ovalen, mittelgrünen rund-gezähnten Blättern. Im Sommer an kräftigen Stielen Blütenstände mit rosa, purpurroten oder weißen Röhrenblüten. Nicht essbar.

Symphytum officinale · Beinwell

○ △ So VF ↕ 1 m ↔ 1 m
Kräftige, derbe, aufrechte Staude mit lanzettlichen, behaarten sattgrünen Blättern. Im Sommer cremegelbe oder purpurrote Blüten an behaarten Stielen.

Tanacetum cinerariifolium · Dalmatinische Insektenblume

○ △ So BF ↕ 30-37 cm ↔ 20 cm
Staude mit fein gefiederten, graugrünen Blättern mit weißer Unterseite. Im Sommer an langen Blütenstielen endständige weiße margeritenartige Blüten mit gelber Mitte.

Tanacetum parthenium

○ △ So VF ↕ 20-45 cm ↔ 20-45 cm
Mittelschnell wachsende kurzlebige buschige Staude, häufig einjährig gezogen. Aromatische, gelappte mittelgrüne Blätter. Im Sommer kleine margeritenartige weiße Blütenköpfchen mit gelber Mitte.

Tanacetum vulgare · Rainfarn

○ △ So VF ↕ 90 cm ↔ 30-60 cm
Frostharte Staude mit aromatischen, tief gefiederten gesägten Blättern. Im Spätsommer Blütenköpfchen. Nicht zum Verzehr geeignet.

Thymus vulgaris · Gartenthymian

○ △ So VF ↕ 15-30 cm ↔ 40 cm
Buschige, Matten bildende, frostharte immergrüne Staude mit dünnen, tiefgrünen aromatischen Blättern. Im Sommer malvenfarbene Blüten.

Verbena officinalis · Eisenkraut

○ △ So VF ↕ 60-90 cm ↔ 30 cm
Aufrechte, frostharte Staude. Hellgrüne, behaarte, tief gekerbte Blätter. Kleine blasslila Blüten im Sommer. In der Schwangerschaft meiden.

Kübelpflanzen

Agapanthus 'Albatross' · Schmucklilie

○ ◗ So FE ↕ 1 m ↔ 60 cm
Horstbildende immergrüne Staude. Im Spätsommer auf kräftigen Stielen große dichte Dolden mit weißen Blüten. Riemenförmige, breite dunkelgrüne Blätter. Die Headbourne-Hybriden zeigen im Sommer weiße, tief- oder blassblaue Blüten.

Amaryllis belladonna · Belladonnalilie

○ He FE ↕ 50-80 cm ↔ 30-45 cm
Herbstblühende Knollenpflanze. Große hellrosa, trompetenförmige Blüten an purpurroten Sprossen. Die riemenförmigen Blätter erscheinen nach der Blüte.

Camellia saluenensis · Kamelie

◗ △ Fr FE ↕ 4 m ↔ 2,5 m
Rasch wachsender immergrüner Strauch mit lanzettlichen dunkelgrünen Blättern. Im zeitigen Frühjahr weiße bis rosarote Blüten.

Canna indica · Indisches Blumenrohr

○ ◗ So FE ↕ 1,2 m ↔ 45-60 cm
Auffallende, rhizombildende Staude mit großen dunkelgrünen, geaderten paddelartigen Blättern. Im Sommer erscheint ein kräftiger Blütenstand mit großen, orchideenähnlichen, leuchtend roten Blüten.

Cistus ladanifer · Lackzistrose

○ △ So FE ↕ 1,5-1,8 m ↔ 1,2-1,5 m
Staksiger, aufrechter immergrüner Strauch mit schmalen dunkelgrünen, klebrigen aromatischen Blättern. Im Frühsommer entfalten sich große weiße, becherförmige Blüten mit zentraler roter Zeichnung.

Crocus biflorus · Krokus

○ △ Fr VF ↕ 10 cm ↔ 2,5-8 cm
Im zeitigen Frühjahr blühende Knollenpflanze. Aufrechte weiß-violette Blüten mit gelbem Schlund, außen zuweilen purpurrot gestreift. Schmale grundständige Blätter mit je einem weißen Streifen.

Cyclamen hederifolium · Efeublättriges Alpenveilchen
◗ 💧 He BF ↕ 10 cm ↔ 15-25 cm
Herbstblühende Knollenpflanze. Blass- bis tiefrosa Blüten und herzförmige, efeuartige Blätter mit silbrig grauem Muster.

Dianthus caryophyllus · Gartennelke
○ 💧 So VF ↕ 80 cm ↔ 45 cm
Locker büschelige, aufrechte Staude mit schmalen silbergrauen Blättern. Im Sommer erscheinen stark duftende, hellrosa bis purpurrote Blüten.

Epimedium perralderianum · Elfenblume
◗ 💧 Fr VF ↕ 25-35 cm ↔ 45-60 cm
Immergrüne Staude. Große Blätter mit 3 gezähnten Fiedern, beim Austrieb bronzefarben, später glänzend grün. Im Frühling erscheinen Büschel kleiner, hängender, hellgelber Blüten.

Eryngium bourgatii · Mannstreu
○ 💧 So VF ↕ 30-60 cm ↔ 30-45 cm
Horstbildende Staude mit rundlichen, stacheligen, fiederspaltigen Blättern, die silbrig geadert sind. Verzweigte blaue Sprosse tragen vom Hoch- bis Spätsommer blaugrüne, dann fliederfarbene bis blaue Distelblüten.

Erythrina crista-galli · Korallenstrauch
○ ◗ So FE ↕ 1-2,5 m ↔ 80-100 cm
Auffälliger, laub abwerfender Halbstrauch mit dornenbesetzten Zweigen und Blattstielen. Von Juni bis September große scharlachrote Blüten in endständigen Trauben.

Erythronium americanum
◗ 💧 Fr VF ↕ 5-25 cm ↔ 5-8 cm
Frühlingsblühende Zwiebelpflanze mit hängenden gelben Blüten, außen mit Bronzeton, innen hellgelb. Sie erscheinen an braunen Stielen über einem Paar halb aufrechter, grün und braun gesprenkelter grundständiger Blätter.

Erythronium californicum
◗ 💧 Fr VF ↕ 15-45 cm ↔ 10-15 cm
Frühlingsblühende Zwiebelpflanze. Über stark gesprenkelten, dunkelgrünen, glänzenden Blättern erheben sich Blütenstiele mit weißen bis cremeweißen Blüten, die orangebraune Flecken und zurückgerollte Petalen zeigen.

Erythronium dens-canis · Hundszahn
◗ 💧 Fr VF ↕ 10-15 cm ↔ 10 cm
Frühlingsblühende Zwiebelpflanze mit grün gesprenkelten, speerförmigen Blättern. Lange Blütenstiele tragen nickende Blüten mit zurückgeschlagenen Petalen, rosa bis purpurrot oder weiß und zur Mitte hin meist braun gestreift.

Fritillaria imperialis · Kaiserkrone
○ 💧 Fr VF ↕ 60-120 cm ↔ 20-30 cm
Majestätische Zwiebelpflanze. Der kräftige Blütenschaft ist dicht besetzt mit glänzenden, gedrehten Blättern und gekrönt von einem Ring aus hängenden, glockenförmigen orangen Blüten, darüber ein Schopf Blätter.

Hamamelis virginiana · Zaubernuss
○ 💧 <7 Wi VF ↕ 4 m ↔ 4 m
Sommergrüner, aufrechter, locker aufgebauter kleiner Baum. An den noch unbelaubten Zweigen erscheinen im Winter kleine, duftende, spinnenähnliche gelbe Blüten. Die breit-ovalen Blätter färben sich im Herbst gelb.

Hedychium gardnerianum · Kahili-Ingwer
○ ◗ So FE ↕ 1,5-2 m ↔ 75 cm
Aufrechte, rhizombildende Staude mit lanzettlichen graugrünen Blättern. Vom Spätsommer bis Frühherbst Blütenähren mit zahlreichen zarten, schmetterlingsähnlichen, duftenden zitronengelben und roten Blüten.

Helichrysum bracteatum · Strohblume
○ 💧 So FE ↕ 30-120 cm ↔ 20-30 cm
Staude, meist einjährig gezogen. Papierartige gelbe, orange, rote bis rosa und weiße, margeritenähnliche Blütenköpfe im Sommer. Ideale Trockenblume.

Hemerocallis citrina · Taglilie
○ ◗ So VF ↕ 75 cm ↔ 75 cm
Kräftige, horstbildende Staude mit dunkelgrünen, riemenförmigen Blättern. Den ganzen Hochsommer hindurch erscheinen stark duftende, satt zitronengelbe trompetenförmige Blüten.

Hibiscus schizopetalus · Eibisch
○ 💧 Fr SE ↕ 3 m ↔ 2 m
Großer, immergrüner Strauch mit anmutig hängenden Zweigen und kleinen, herzförmigen, tiefgrünen Blättern. Hängende scharlachrote bis rosa Blüten an langen Stielen. Zum Klettern geeignet.

***Hosta undulata* 'Albo-marginata'** · Funkie
◗ 💧 So VF ↕ 50-60 cm ↔ 50-60 cm
Anmutige Staude. Dunkelgrüne, herzförmige, glatte Blätter mit unregelmäßigem weißen Rand, der nur knapp bis zur Spitze reicht. Im Frühsommer glockenförmige malvenfarbene Blüten an einem langen Blütenstiel.

Iris germanica · Deutsche Schwertlilie
○ 💧 Fr VF ↕ 60-120 cm ↔ unbegrenzt
Rhizombildende Bartiris. Überhängende, schwertartige Blätter; im späten Frühling und Frühsommer gelbe Blüten mit blau-purpurroten bis violetten Bärten.

Isoplexis canariensis
○ 💧 So SE ↕ 1,5 m ↔ 75 cm
Immergrüner, wenig verzweigter rundlicher Strauch mit riemenförmigen Blättern. Im Sommer dekorative rote bis orangebraune Blüten in dichten, aufrechten Ähren, die an Fingerhut erinnern.

Kniphofia caulescens · Fackellilie
○ 💧 He VF ↕ 1,2 m ↔ 60 cm
Immergrüne, aufrechte Staude. Büschel überhängender, schmal-lanzettlicher blaugrüner Blätter. Im Herbst an kräftigen Stielen endständige Ähren mit kleinen rötlich rosa Röhrenblüten.

Lilium martagon · Türkenbundlilie
○ 💧 So VF ↕ 1-1,5 m ↔ 15-25 cm
Sommerblühende Zwiebelpflanze. Lanzettliche, ovale Blätter und duftende turbanähnliche Blüten in Rosa oder Purpurrot mit dunkleren Flecken.

Linaria purpurea · Leinkraut
○ 💧 So VF ↕ 75-90 cm ↔ 30-45 cm
Aufrechte Staude mit schmal ovalen, graugrünen Blättern. Von Hoch- bis Spätsommer erscheinen Trauben mit winzigen, löwenmaulähnlichen rotvioletten Blüten mit einer Spur Weiß am Schlund.

Magnolia stellata · Sternmagnolie
○ 💧 Fr VF ↕ 2,5-3 m ↔ 2,5-3,7 m
Sommergrüner, dicht-buschiger Strauch mit graugrünen Knospen, die im zeitigen Frühjahr aufbrechen und duftende, sternförmige weiße Blüten enthüllen. Schmale, tiefgrüne Blätter.

Narcissus poeticus · Dichternarzisse
○ 💧 Fr VF ↕ 20-40 cm ↔ 7,5-10 cm
Im Spätfrühling blühende Zwiebelpflanze mit schmalen, aufrechten graugrünen Blättern. Duftende Blüten aus einer kleinen flachen, gelben bis orangefarbenen Krone mit rotem Rand und einem glitzernden weißen Kragen.

Neoregelia ampullacea
◗ ◗ SE ↕ 15 cm ↔ 15 cm
Hübsche, elegante kleine Bromelie mit hellgrünen, riemenförmigen Blättern, die rötlich braun gesprenkelt sind. Bezaubernde violette Blüten ergänzen die grünen Blätter.

***Nerium oleander* 'Hawaii'** · Oleander
○ 💧 So FE ↕ 2 m ↔ 2 m
Trockenheit vertragender, aufrechter Zwergbusch/immergrüner Strauch mit ledrigen dunkelgrünen Blättern. Leuchtende, trichterförmige, tieflachsrosa Blüten von Frühjahr bis Herbst.

Nicotiana alata · Ziertabak
○ 💧 So BF ↕ 75 cm ↔ 30 cm
Rosetten bildende Staude, meist einjährig gezogen. Die cremeweißen Röhrenblüten erscheinen im Spätsommer in Trauben und verströmen nachts einen intensiven Duft. Ovale, mittelgrüne Blätter.

***Ophiopogon planiscapus* 'Nigrescens'** · Schlangenbart
○ 💧 So BF ↕ 15-30 cm ↔ 30 cm
Immergrüne, horstbildende, sich ausbreitende Staude. Schmale, aufrechte, fast schwarze grasähnliche Blätter. Im Sommer Trauben kleiner malvenfarbener Blüten, denen später kleine, glänzende schwarze Beeren folgen.

***Pelargonium* 'Voodoo'** · Pelargonie
○ 💧 So SE ↕ 60 cm ↔ 25 cm
Immergrüne aufrechte, fleischige Staude, genau genommen eine Unique-Pelargonie. Im Sommer große weinrote Blüten mit dunkelviolettem Zentrum. Runde, gelappte, dunkelgrüne Blätter.

***Phormium tenax* (Purpureum-Gruppe)** · Neuseeländer Flachs
◗ 💧 So FE ↕ 1,8-3,7 m ↔ 1,2-1,8 m
Immergrüne, aufrechte Staude mit langen schwertförmigen, steifen, purpurnen bis dunkelkupferfarbenen Blättern. Im Sommer rötliche Röhrenblüten an kurzen blaupurpurnen Schäften.

Rhododendron yakushimanum

▶ ○ Fr VF ↕ 1 m ↔ 1,5 m
Kuppelförmiger immergrüner Strauch. Die ovalen Blätter, unterseits braunfilzig, sind zunächst silbrig, später tiefgrün. Im Spätfrühling trichterförmige rosa Blüten, innen grün gesprenkelt und weiß verblühend. *R. y.* 'Bambi': rote Knospen und blassrosa, gelb überhauchte Blüten; *R. y.* 'Koichiro Wada': rosarote Knospen und reinweiße Blüten.

Romneya coulteri · Baummohn

○ ○ So BF ↕ 1,2-2,5 m ↔ 1,2-2,5 m
Buschiger sommerblühender Halbstrauch. Große duftende, papierartige weiße Blüten mit gelben Staubblättern. Tief fiederteilige graue Blätter.

Rosa 'Coral Dawn' · Rose

○ ○ So VF ↕ 3,5 m ↔ 2 m
Moderne Kletterrose mit dunkelgrünen Fiederblättern. Im Sommer korallenrosa, halbgefüllte Blüten in Büscheln; zweiter Flor im Herbst.

Rosa gallica 'Versicolor'

○ ○ So VF ↕ 75 cm ↔ 1 m
Alte, beliebte Rose mit hübschem, buschigem Wuchs. Im Sommer öffnen sich halbgefüllte, leicht duftende, flache rosarote Blüten mit weißen Streifen.

Rosa 'Indigo'

○ ○ So VF ↕ 1,2 m ↔ 60 cm
Altmodische Rose mit aufrechtem Wuchs und duftenden, becherförmigen, kräftig purpurroten Blüten. Dunkelgrünes, rot überlaufenes Laub.

Sansevieria trifasciata · Bogenhanf

○ ○ SE ↕ 1-1,2 m ↔ 10 cm
Sehr empfindliche Staude. Rosette aus aufrechten, fleischigen, spitzen, steifen, leicht silbergrünen Blättern mit tiefgrünen waagerechten Streifen.

Strelitzia reginae · Strelitzie

○ ○ Fr SE ↕ 1-1,2 m ↔ 75 cm
Immergrüne Staude mit langen graugrünen Blättern. Exotische Blüten in Orange mit Blau, umrahmt von rot gerandeten bootförmigen Hochblättern; hauptsächlich im Frühjahr.

Taxus baccata 'Fastigiata' · Irische Säuleneibe

○ ○ VF ↕ 10-15 m ↔ 4-5 m
Immergrüne Konifere. Aufrechte Äste und dunkelgrüne, abgeflachte nadelartige Blätter. Im Winter becherförmige, fleischige rote Früchte.

Zwiebel- und Knollengewächse

Allium christophii · Lauch

○ ○ So VF ↕ 25-50 cm ↔ 15 cm
Eindrucksvolle sommerblühende Zwiebelpflanze. Auf langen Blütenstielen stehen eine große Dolden sternförmiger purpurroter Blüten. Graue, behaarte, halb aufrechte Blätter.

Allium ursinum · Bärlauch

▶ ○ Fr VF ↕ 30-45 cm ↔ 30-45 cm
Frostharte frühlingsblühende Zwiebel mit breiten, riemenförmigen hellgrünen Blättern, die beim Zerreiben stark nach Knoblauch duften. Blütenstiel mit einer weißen Dolde kleiner sternförmiger Blüten.

Anemone coronaria · Kronenanemone

○ ○ Fr VF ↕ 15-45 cm ↔ 15 cm
Frühlingsblühende Knollenpflanze mit petersilienähnlichen, halb aufrechten fiederspaltigen Blättern. Große flache becherförmige Blüten, von Weiß über Blau bis Purpurrot und Rot.

Bulbocodium vernum · Frühlingslichtblume

○ ○ Fr VF ↕ 3-4 cm ↔ 3-5 cm
Rhizomknollen bildender Frühlingsblüher. Rötlich purpurne, trichterförmige, stängellose Blüten. Später erscheinen schmale Blätter, die im Sommer absterben.

Cardiocrinum giganteum · Riesenlilie

▶ So VF ↕ 3 m ↔ 75-110 cm
Kräftiger beblätterter Blütenschaft mit Ähre aus langen, hängenden cremeweißen Trompeten, innen purpurrot bis rot gesträhnt.

Chinodoxa forbesii 'Pink Giant' · Schneeglanz

○ ○ Wi VH ↕ 15-20 cm ↔ 3 cm
Winterblühende Zwiebelpflanze mit zwei halb aufrechten schmalen Blättern. An den Blütenstielen entstehen Trauben mit sternförmigen flachen rosa Blüten mit weißem Auge.

Colchicum autumnale · Herbstzeitlose

○ ○ He VF ↕ 10-15 cm ↔ 10-15 cm
Herbstblühende Knollenpflanze. Weinkelchförmige malvenfarbene Blüten, denen große riemenförmige Blätter folgen. 'Waterlily' besitzt gefüllte Blüten.

Crocosmia × crocosmiiflora 'George Davison' · Montbretie

○ ○ So BF ↕ 60 cm ↔ 20 cm
Kräftige, horstbildende Knollenpflanze. Von Hoch- bis Spätsommer Rispen mit orangefarbenen trichterförmigen Blüten zwischen dichten Büscheln schmaler schwertförmiger Blätter. Neigt zum Wuchern.

Crocus sativus · Safran

○ ○ He VF ↕ 15 cm ↔ 7,5 cm
Herbstblühende Knollenpflanze. Schmale grundständige Blätter erscheinen zusammen mit purpurroten Blüten mit dunklerer Aderung. Aus den roten Narben wird Safran gewonnen.

Crocus tommasinianus · Krokus

○ ○ Wi VF ↕ 7,5-10 cm ↔ 5 cm
Knollenpflanze, die im Spätwinter bis zeitigen Frühjahr schlanke trichterförmige Blüten treibt. Petalen blass fliederfarben bis dunkelviolett, an der Basis orange. Blätter mit weißem Mittelnerv.

Crocus vernus · Krokus

○ ○ Fr VF ↕ 10 cm ↔ 5 cm
Frühlingsblühende Krokusart. Becherförmige Blüten, gestreift oder in Weiß-, Purpur- oder Violett-Tönen. Die Narbe ist orange oder gelb. *C. v.* 'Purpureus Grandiflorus' besitzt purpurrot-blaue Blüten.

Cyclamen coum · Vorfrühlings-Alpenveilchen

▶ ○ Wi VF ↕ 10 cm ↔ 5-10 cm
Winterblühende Knollenpflanze. Hellkarminrote Blüten mit dunklen Flecken an der Basis der Petalen. Die rundlich nierenförmigen, tiefgrünen oder silbern gemusterten Blätter erscheinen vor oder mit den Blüten.

Dactylorhiza majalis · Breitblättriges Knabenkraut

○ ○ Fr VF ↕ 75 cm ↔ 25 cm
Sommergrüne terrestrische Orchidee. Lange, lanzettliche grüne Blätter, zuweilen rosa gesprenkelt. Dichte pyramidenförmige Ähren mit fliederfarbenen bis magentaroten Röhrenblüten mit herabgeschlagener Lippe.

Fritillaria meleagris · Schachbrettblume

○ ▶ Fr VF ↕ 30 cm ↔ 5-8 cm
Schlanke, schmale graugrüne Blätter. Einzelne glockenförmige weiße oder mit purpurrotem Schachbrettmuster gezeichnete, hängende Blüten an schlanken Sprossen.

Fritillaria pallidiflora

○ ○ Fr VF ↕ 30-45 cm ↔ 10-15 cm
Lanzettliche, paarige graugrüne Blätter. Glockige, cremegelbe bis grünlich gelbe Blüten, innen mit bräunlich roter Zeichnung.

Galanthus nivalis · Schneeglöckchen

○ ○ Wi VF ↕ 10-15 cm ↔ 5-7,5 cm
Im Spätwinter hängende weiße Blüten an schlanken Sprossen. Die großen äußeren Petalen sind weiß, die kleineren inneren grünlich. Schmale, halb aufrechte, riemenförmige graugrüne Blätter.

Hyacinthoides non-scripta · Hasenglöckchen

▶ ▶ Fr VF ↕ 25-35 cm ↔ 10-15 cm
Gruppen bildende Zwiebelpflanze mit hellgrünen aufrechten Blättern. Aufrechte, zur Spitze hin gebogene Blütenstiele tragen duftende, röhrenförmige blaue Glocken, die am Grunde etwas verwachsen sind.

Hyacinthus orientalis · Hyazinthe

○ ○ Fr VF ↕ 20-30 cm ↔ 7,5-10 cm
Frühlingsblühende, Gruppen bildende Zwiebelpflanze. Halb aufrechte, breite glänzende Blätter. Weichtriebige Blütenähre mit kleinen, wächsernen, glockigen, stark duftenden blassblauen Blüten mit zurückgebogenen Spitzen.

Iris germanica 'Florentina'

○ ○ Fr VF ↕ 1 m ↔ unbegrenzt
Frühlingsblühende Bartiris mit blass blauweißen Blüten und zartgelbem Schlund. Schwertförmige, überhängende schmale Blätter. Diese Iris war im Mittelalter das Emblem der Stadt Florenz.

Iris pallida

○ ○ Fr VF ↕ 70-100 cm ↔ unbegrenzt
Rhizombildende Iris. Große fliederblaue duftende Blüten mit gelben Bärten im Spätfrühling und Frühsommer. Lange, überhängende, lanzettliche Blätter.

Lilium candidum · Madonnenlilie

○ ○ So VF ↕ 1-2 m ↔ 20-25 cm
Steifer Blütenstiel mit schmalen Blättern und trompetenförmigen, auswärts gerichteten, reinweißen duftenden Blüten, am Schlund weit ausgestellt.

Lilium 'Connecticut King'
○ △ So VF ↕ 1 m ↔ 20-25 cm
Lilienhybride mit aufwärts gerichteten, becherförmigen, leuchtend gelben Blüten; ein attraktiver Kontrast zu den schmalen grünen Blättern, die ebenfalls am aufrechten Stengel erscheinen.

Lilium monadelphum
○ △ So VF ↕ 1-1,5 m ↔ 20-25 cm
Lilie mit zerstreut am Stengel stehenden lanzettlichen Blättern und nickenden, duftenden gelben Trompetenblüten mit purpurroten oder tiefroten Tupfen.

Lilium pumilum
↕ So VF ↕ 25-60 cm ↔ 15-20 cm
Die Blütensprosse dieser Lilie tragen kleine, zerstreut stehende, lineale Blätter und duftende, flache, scharlachrote turbanförmige Blüten, manchmal mit schwarzer Mitte.

Lilium pyrenaicum
○ △ Fr VF ↕ 30-120 cm ↔ 20-25 cm
Lilie mit zerstreut am Blütenstiel stehenden lanzettlichen, unbehaarten Blättern und nickenden, turbanförmigen, unangenehm riechenden Blüten. Lange, grüngelbe bis gelbe Petalen mit dunklen Linien und Flecken.

Lilium regale · Königslilie
○ △ So VF ↕ 1-1,8 m ↔ 15-20 cm
Lineale Blätter und duftende, nach außen gewendete, trichterförmige Blüten. Die langen Petalen sind innen weiß mit gelber Basis und außen purpurrosa, die hervortretenden Staubbeutel goldfarben.

Narcissus 'Cheerfulness' · Narzisse
○ △ Fr VF ↕ 40 cm ↔ 15 cm
Frühlingsblühende Narzisse. Duftende, gefüllte weiße Blüten mit cremefarbenen und gelben Nebenkronsegmenten.

Narcissus pseudonarcissus · Osterglocke
○ △ Fr VF ↕ 25-35 cm ↔ 5-10 cm
Duftende, meist einzeln stehende, nickende Narzisse. Überlappende strohgelbe Blütenblätter umgeben eine dunkler gelbe Trompete mit weiter Öffnung.

Narcissus 'Tête-à-Tête'
○ △ Fr VF ↕ 15-20 cm ↔ 5 cm
Früh blühende Zwergnarzisse. Langlebige Blüten mit zurückgebogenen, satt goldgelben Blütenblättern und sechseckiger Trompete in warmem Orangegelb. Überhängende Blätter.

Nerine bowdenii 'Wellsii'
○ △ He SE ↕ 45-60 cm ↔ 7,5-10 cm
Riemenförmige, halb aufrechte, grundständige Blätter. Rosa Blüten mit zurückgebogenen Spitzen. Überwinterung im Kalthaus.

Orchis mascula · Kuckucks-Knabenkraut
○ △ Fr VF ↕ 20-40 cm ↔ 20 cm
Terrestrische, Laub abwerfende Orchidee. Glänzende, längliche, dunkelgrüne Blätter, häufig mit purpurroten Flecken. Leuchtend purpur-karminrote helmförmige Blüten mit hängender Lippe.

Tulipa humilis · Tulpe
○ △ Fr VF ↕ 20 cm ↔ 7,5-10 cm
Früh blühende Tulpe. Graugrüne, leicht überhängende Blätter und magentarosa Blüten mit gelber Mitte.

Tulipa linifolia 'Red Gem'
○ △ Fr VF ↕ 10-15 cm ↔ 10 cm
Früh blühende Tulpenhybride. Graugrüne Blätter, orangerote Blüten mit schwarzpurpurnem Zentrum.

Tulipa saxatilis
○ △ Fr VF ↕ 10-15 cm ↔ 10 cm
Früh blühende Tulpe. Leicht überhängende, schmale, glänzend grüne Blätter. Duftende rosa Blüten mit gelber Mitte. Braucht einen sonnigen Platz.

Tulipa turkestanica
○ △ Fr VF ↕ 10-30 cm ↔ 10 cm
Früh blühende Tulpe. Graugrüne Blätter, behaarter Blütenspross. Unangenehm riechende Blüten mit ovalen weißen Petalen, außen grün oder rosa überhaucht, und orangegelber Mitte.

Vanda dearei
◗ △ So SE ↕ 45 cm ↔ 30 cm
Epiphytische Orchidee. Flache, längliche, trübgrüne Blätter. Große flache, zitronengelbe oder cremefarbene, braun geaderte duftende Blüten. V. tricolor besitzt rosa Blüten.

Blühende Einjährige und Stauden

Agrostemma githago · Kornrade
○ △ So ↕ 60-100 cm ↔ 30 cm
Sommerblühende, aufrechte Einjährige. Lanzettliche mittelgrüne Blätter und offene, trompetenförmige rosa Blüten. Gedeiht am besten in kargem Boden. Giftige Samen.

Anemone × hybrida · Herbstanemone
○ △ So VF ↕ 1,2-1,5 m ↔ 60-120 cm
Kräftige, aufrechte Staude. Tief eingeschnittene dunkelgrüne Blätter. Von Sommer bis Herbst einfache, becherförmige Blüten in Weiß bis Hellrosa.

Anthurium andraeanum · Flamingoblume
◗ ◗ So SE ↕ 60-75 cm ↔ 50 cm
Immergrüne, aufrechte Staude. Herzförmige, ledrige, lang gestielte dunkelgrüne Blätter. Blüte mit ebenfalls herzförmiger, hellroter langlebiger Spatha.

Aquilegia canadensis · Akelei
○ △ So VF ↕ 60-90 cm ↔ 30-35 cm
Gruppen bildende Staude mit dunkelgrünem, farnähnlichem Laub. Im Frühsommer an schlanken Stielen glockenförmige, halb hängende zitronengelbe Blüten mit roten Spornen.

Aubrieta 'Purple Cascade' · Blaukissen
○ △ Fr VF ↕ 10 cm ↔ 20 cm
Kriechende Staude. Kleine zartgraue Blätter, die im Frühjahr und Sommer unter Massen purpurrot-blauer Blüten beinah verschwinden.

Bellis perennis · Tausendschön
○ △ Fr VF ↕ 10 cm ↔ 10 cm
Teppichbildende Staude mit ovalen, mittelgrünen Blättern. Im zeitigen Frühjahr öffnen sich ihre außen weißen, innen gelben Körbchenblüten.

Campanula persicifolia · Pfirsichblättrige Glockenblume
○ △ So VF ↕ 1 m ↔ 45 cm
Aus einer Rosette ovaler Blätter erheben sich drahtige Stiele mit flachen, weit becherförmigen Blüten, meist in Blauschattierungen.

Cheiranthus cheiri · Goldlack
○ △ Fr BF ↕ 25-30 cm ↔ 30-40 cm
Immergrüne, buschige Staude, meist zweijährig gezogen. Kurze lanzettliche, mittel- bis tiefgrüne Blätter. Blütenköpfe mit süß duftenden Blüten, meist orange oder gelb.

Convallaria majalis · Maiglöckchen
◗ ◗ Fr VF ↕ 20-30 cm ↔ 30-40 cm
Sommerblühende, niedrige Rhizomstaude mit schmal-ovalen Blättern. Im Frühjahr Blütenstiele mit hängenden, duftenden, glockenförmigen weißen Blüten zwischen je zwei Blättern.

Convolvulus tricolor · Winde
○ △ So ↕ 20-30 cm ↔ 20 cm
Rasch wachsende, buschige, aufrechte Einjährige mit mittelgrünen, ovalen bis lanzettlichen Blättern. Blüten trompeten- bis schalenförmig, blau und weiß mit gelbweißer Mitte.

Delphinium-Elatum-Hybriden · Rittersporn
○ △ So VF ↕ 1,35-2,2 m ↔ 75-100 cm
Aufrechte Staude. Große handförmige Blätter mit hohen Blütenständen. 'Blue Nile', sattblau, hellblau geadert, weißes Auge. 'Butterball', weiß, cremefarbenes Auge. 'Mighty Atom', mittelviolett, Auge gelbbraun oder violett.

Dianthus 'Haytor White' · Nelke
○ △ So VF ↕ 30 cm ↔ 25-40 cm
Immergrüne, Gruppen bildende Staude. Silbergraue, schmale Blätter. Im Hochsommer unzählige gefüllte, reinweiße, duftende Blüten mit gefranstem Rand.

Dianthus gratianopolitanus · Pfingstnelke
○ △ So VF ↕ 10-25 cm ↔ 25-40 cm
Immergrüne Staude, bildet Matten graugrüner, schmaler Blätter. Im Hochsommer tragen schlanke Stängel duftende, einfache rosa Blüten mit gewelltem Rand. Ideal für Steingärten.

Dianthus 'Musgrave's Pink' · Nelke
○ △ So VF ↕ 25-45 cm ↔ 25-35 cm
Eine der frühesten Nelken-Hybriden, etwa um 1730 entstanden. Schmale graugrüne Blätter; im Hochsommer duftende, einfache weiße Blüten mit grünem Auge und gefranstem Rand.

Dictamnus albus · Diptam
○ △ So VF ↕ 45-90 cm ↔ 45-60 cm
Aufrechte Staude. Hellgrüne, ovale, gefiederte Blätter, die beim Zerreiben nach Zitrone duften. Im Sommer erscheinen duftende, weiße, sternförmige Blüten mit langen Staubgefäßen, gefolgt von sternförmigen Samenkapseln. D. s. var. purpureus besitzt rosa Blüten.

Digitalis × mertonensis · Fingerhut
◗ ◗ Fr VF ↕ 75 cm ↔ 30 cm
Staude mit Rosette aus weichen, behaarten ovalen Blättern. Im Sommer hohe traubige Blütenstände mit röhrenförmigen, nach unten zeigenden Blüten, rosa bis kupfrig malvenfarben.

Epimedium × versicolor 'Neosulphureum' · Elfenblume

Fr VF ‖ 130-135 cm ↔ 30-60 cm
Dichte, teppichbildende Staude. Herz-förmige Blätter, im Frühling rötlich purpurn getönt; reizvolle Herbstfär-bung. Büschel kleiner, blassgelber, becherförmiger Blüten.

Geranium renardii · Kaukasus-Storchschnabel

So VF ‖ 30 cm ↔ 30 cm
Kompakte, Gruppen bildende Staude. Samtige salbeigrüne, gelappte rundliche Blätter. Im Frühsommer flache weiße Blüten mit purpurroter Aderung.

Geranium sanguineum · Blutroter Storchschnabel

So VF ‖ 20-30 cm ↔ 30-45 cm
Ausbreitend wachsende, in Gruppen stehende Staude mit dunkelgrünen, fein eingeschnittenen Blättern. Im Sommer übersät mit zahllosen leuchtend magen-taroten bis rosa becherförmigen Blüten mit weißem Auge.

Geranium sylvaticum 'Mayflower' · Wald-Storchschnabel

So VF ‖ 1 m ↔ 60 cm
Aufrechte, horstbildende Staude mit tief gelappten, weichen, hellgrünen und leicht aromatischen Blättern. Darüber erheben sich im Frühsommer verzweig-te Sprosse mit becherförmigen violett-blauen Blüten mit weißer Mitte.

Gypsophila paniculata 'Bristol Fairy' · Schleierkraut

So VF ‖ 60-75 cm ↔ 1 m
Staude mit drahtigen, verzweigten Sprossen und im Sommer Wolken win-ziger, gefüllter weißer Blüten. Kleine dunkelgrüne Blätter.

Hedychium coronarium

So SE ‖ 2 m ↔ 60-100 cm
Aufrechte Staude. Lanzettliche mittel-grüne Blätter, unterseits flaumig be-haart. Die pyramidenförmige Blütenäh-re ist dicht besetzt mit weißen, duftenden, schmetterlingsähnlichen Blüten mit gelben Saftmalen am Grund.

Hemerocallis lilioasphodelus · Taglilie

Fr VF ‖ 75-90 cm ↔ 75-90 cm
Horstbildende, wüchsige Staude. Rie-menförmige mittelgrüne Blätter. Im spä-ten Frühjahr bis Frühsommer zarte, aufrechte Ähren mit großen, stark duf-tenden, zitronengelben Blütentrompeten.

Hemerocallis 'Stafford' · Taglilie

Fr VF ‖ 75 cm ↔ 60 cm
Horstbildende, kräftige Staude mit rie-menförmigen mittelgrünen Blättern. Große, leuchtend rote trompetenförmi-ge Blüten mit braun-gelbem Schlund und gelbem Mittelnerv auf jeder Petale.

Hesperis matronalis · Nachtviole

So VF ‖ 75 cm ↔ 60 cm
Aufrechte Staude. Glatte, schmal-ovale Blätter. Lange aufrechte Sprosse, dicht besetzt mit kleinen violetten oder weißen Blüten. Abends intensiver Duft.

Hieracium aurantiacum · Orangerotes Habichtskraut

So VF ‖ 30-45 cm ↔ 30 cm
Horstbildende Staude. Aufrechte, leicht überhängende, ovale, flaumig behaarte Blätter. Löwenzahnähnliche orange-braune Blüten an drahtigen Trieben.

Inula helenium · Echter Alant

So VF ‖ 3 m ↔ 60 cm
Robuste Staude mit dickem, aromatisch-em Rhizom. Kräftiger, verzweigter aufrechter Spross mit spitz zulaufenden Blättern, bis 75 cm lang. Margeriten-artige, hellgelbe Blüten.

Inula hookeri · Alant

So VF ‖ 75 cm ↔ 45 cm
Horstbildende, aufrechte Staude. Be-haarte, lanzettförmige hellgrüne Blätter. Große, margeritenartige, gelblich grüne Blüten mit orangefarbener Mitte.

Iris (Barbata-Gruppen) · Bartiris

So VF ‖ unterschiedlich ↔ unbegrenzt
Rhizombildende Staude. Die Mehrzahl der Irissorten zählt zu den Bartiris, er-kennbar an den zahlreichen, häufig far-bigen Haaren auf den Hängeblättern. 'Carnaby' (‖ 1 m), blassrosa Blüten mit tiefrosa Hängeblättern und orangefar-benen Bärten. 'Early Light' (‖ 1 m), cremegelbe Hängeblätter, gelbe Bärte. 'Flamenco' (‖ 1 m), gold überzogene Bärte mit roten, weißen bis gelben Hängeblättern. 'Stepping Out' (‖ 1 m), Hängeblätter und Bärte tiefpurpurrot mit blauer Zeichnung.

Kniphofia 'Erecta' · Fackellilie

So VF ‖ 50-150 cm ↔ 60-75 cm
Immergrüne Staude mit schmalen, auf-rechten blaugrünen Blättern. Im Spät-sommer/Frühherbst erhebt sich ein kräftiger Stiel mit einem Blütenkolben aus roten Blüten.

Lewisia rediviva

<7 Fr BF ‖ 1-4 cm ↔ 5 cm
Büschelige, Rosetten bildende Staude. Große rosa (oder weiße) Blüten mit zahlreichen Petalen vom Spätfrühling bis Frühsommer.

Lupinus perennis · Lupine

>7 Fr VF ‖ 60 cm ↔ 45 cm
Staude. Blätter mit 8 schmalen Fiedern. Von Spätfrühling bis Frühsommer Blü-tentrauben mit kleinen blauen, selten rosa oder weißen Blüten.

Lychnis chalcedonica · Brennende Liebe

So VF ‖ 90-120 cm ↔ 30-45 cm
Straff-aufrechte, horstbildende Staude mit mittelgrünen, leicht behaarten Blät-tern. Flache, endständige Blütendolden mit kleinen scharlachroten Blüten mit tief gelappten Petalen.

Lychnis flos-jovis · Jupiterblume

So VF ‖ 45 cm ↔ 45 cm
Horstbildende Staude. Schmales, spit-zes, silbergraues Laub. Köpfchenartige Büschel mit tiefpurpurroten bis rosa Blüten mit gelappten Blütenblättern.

Matthiola incana · Levkoje

So BF ‖ 30-60 cm ↔ 30 cm
Aufrechte, buschige, kurzlebige Staude, meist einjährig gezogen. Gräulich grüne Blätter, hellpurpurrote Blüten.

Meconopsis betonicifolia · Scheinmohn

<7 Fr VF ‖ 1-1,2 m ↔ 45 cm
Horstbildende Staude. Blätter durch Behaarung rostbraun. Im Spätfrühling oder Frühsommer papierartige, leuch-tend purpurrotblaue Blüten.

Myosotis sylvatica · Wald-Vergissmeinnicht

Fr VF ‖ 45 cm ↔ 45 cm
Staude, gewöhnlich zweijährig gezogen. Dunkelgrüne Blätter, kleine, blassblaue, selten auch weiße, büschelige Blüten im Spätfrühling und Sommer.

Oenothera biennis · Gemeine Nachtkerze

So VF ‖ 1-1,2 m ↔ 30-45 cm
Aufrechte Zweijährige, die sich leicht selbst aussät und mitunter lästig wird. Ovale, gezähnte Blätter. Gegen Abend öffnen sich becherförmige, blassgelbe, seidige Blüten, die zuweilen duften.

Osteospermum 'Whirligig' · Kapmargerite

So BF ‖ 60 cm ↔ 30-45 cm
Immergrüne, horstbildende, kriechende Staude mit graugrünen Blättern. Zahl-reiche einfache weiße Blüten mit einem Kragen löffelförmiger Zungenblüten.

Pachystachys lutea · Gelbe Dickähre

So SE ‖ 1,2 m ↔ 1 m
Immergrüne, rundliche, strauchige Staude mit eiförmigen, stark geaderten Blättern. Aufgrund der Anordnung der intensiv goldgelben, großen ovalen Hochblätter wirken die hohen Blü-tenähren vierkantig.

Paeonia lactiflora 'White Wings' · Chinesische Pfingstrose

So ‖ 80 cm ↔ 60-120 cm
Horstbildende Staude mit glänzenden dunkelgrünen Blättern, die sich im Herbst verfärben. Zahlreiche große, duftende, einfache weiße Blüten mit leicht gekräuselten Blütenblättern an roten Stielen.

Papaver rhoeas · Klatschmohn

So ‖ 60 cm ↔ 30 cm
Rasch wachsende Einjährige mit grund-ständiger Rosette aus fein eingeschnitte-nen Blättern. Einfache, papierartig zarte, becherförmige scharlachrote Blüten.

Papaver somniferum · Schlafmohn

So ‖ 45-90 cm ↔ 60-90 cm
Aufrechte, raschwüchsige Einjährige. Leicht gräulich grüne längliche Blätter. Große einfache/gefüllte Blüten mit papierartigen Petalen in Rot, Rosa, Purpurrot oder Weiß.

Polygonatum odoratum · Salomonssiegel

Fr VF ‖ 60 cm ↔ 30-45 cm
Rhizombildende Staude von bogig überhängendem Wuchs. Mittelgrüne Fiederblätter, darunter hängen Paare röhren- bis glockenförmiger, duftender weißer Blüten mit grüner Spitze. P. × hybridum: elfenbeinfarbene Blüten, geaderte Blätter.

Primula florindae · Primel

So VF ‖ 60-100 cm ↔ 30-60 cm
Aufrechte, kräftige, horstbildende Stau-de. Vom Früh- bis Hochsommer an hohen Blütentrieben ein Ring aus zahl-reichen zitronen- bis schwefelgelben Blüten.

Primula veris · Schlüsselblume
○ ◗ Fr VF ↕ 15-20 cm ↔ 15-20 cm
Gruppen bildende Staude mit ovalen bis lanzettlichen, mittelgrünen gezähnten Blättern. Dolden mit duftenden gelben Röhrenblüten an kräftigen Trieben.

Primula vialii · Primel
○ ◗ So BF ↕ 15-45 cm ↔ 23-30 cm
Kurzlebige, Gruppen bildende Staude. Rosetten aus aufrecht stehenden behaarten Blättern. Dichte, kegelförmige Ähren mit malvenfarbenen Blüten öffnen sich im Spätfrühling.

Primula vulgaris · Kissenprimel
○ ◗ Fr VF ↕ 15-20 cm ↔ 25-35 cm
Kleine Horste bildende Staude. Rosetten aus hellgrünen, lanzettlichen, gezähnten Blättern. Im Frühling blassgelbe Blüten an zarten Trieben.

Pulsatilla vulgaris · Gewöhnliche Kuhschelle
○ △ Fr VF ↕ 15-25 cm ↔ 15-25 cm
Nickende, becherförmige, fliederfarbene oder weiße Blüten mit goldenen Staubbeuteln über farnähnlichen Tuffs fedriger, weicher, behaarter Blätter. Später fedrige Fruchtstände.

Silene dioica · Rotes Leimkraut
○ △ Fr ↕ 30-45 cm ↔ 25-30 cm
Leicht staksige, ungleichmäßig wachsende Einjährige. An aufrechten Blütentrieben ovale mittelgrüne Blätter und hellrosa Blüten in Trugdolden.

Stokesia laevis
○ △ So BF ↕ 30-45 cm ↔ 30-45 cm
Staude mit überwinternder Blattrosette. Aufrechte Triebe tragen endständige, kornblumenähnlich weiße Blüten. Spitze Blätter mit weißem Mittelnerv.

Thermopsis caroliniana · Fuchsbohne
○ △ So VF ↕ 1 m ↔ 60 cm
Staude mit unregelmäßigem Wuchs. Die Blätter setzen sich aus 3 bereiften ovalen Fiedern zusammen. Im Spätsommer entstehen an langen Sprossen endständige Trauben mit gelben wickenähnlichen Blüten.

Trillium grandiflorum · Dreiblatt
● ◗ Fr VF ↕ 30-45 cm ↔ 30-45 cm
Gruppen bildende Staude. Große reinweiße, dreieckige Blüten mit gelber Mitte über einem Horst aus dunkelgrünen pfeilförmigen Blättern.

Veronica chamaedrys · Gamander-Ehrenpreis
○ △ So VF ↕ 25 cm ↔ 20 cm
Rhizombildende Staude mit aufrechten, verzweigten Sprossen und graugrünen Blättern. Im Spätfrühling und Sommer kurze, lockere Trauben kleiner blauer Blüten mit weißem Schlund.

Veronica spicata · Ähriger Ehrenpreis
○ △ So VF ↕ 60-80 cm ↔ 15-30 cm
Matten bildende Staude. Schmal-ovale, gezähnte mittelgrüne Blätter. An kurzen Trieben Blütenstände mit kleinen, sternförmigen, hellblauen Blüten. Die gesamte Pflanze ist silbrig behaart.

Vicia cracca · Vogelwicke
○ △ Fr VF ↕ 6-200 cm ↔ 30 cm
Kleine längliche Fiederblätter mit endständiger Ranke. Kleine, wickenähnliche, tiefpurpurrote Blüten in lang gestielter Traube.

Viola cornuta **'Alba'** · Hornveilchen
○ △ So VF ↕ 12-20 cm ↔ 20 cm
Rhizombildende Staude. Gezähnte, ovale hellgrüne Blätter. Von Früh- bis Spätsommer entstehen aufrechte Sprossen mit weißen, kantigen, flachen gespornten Blüten.

Viola odorata · Duftveilchen
○ △ Fr VF ↕ 10-15 cm ↔ 30-45 cm
Halbimmergrüne, Ausläufer bildende Staude. Gezähnte herzförmige Blätter. Im Frühling öffnen sich flache, süß duftende, blaue oder weiße Blüten.

Viola tricolor · Stiefmütterchen
○ △ Fr VF ↕ 5-15 cm ↔ 5-15 cm
Kurzlebige Staude, häufig einjährig gezogen. Kurze pfeilförmige Blätter; flache Blüten in Gelb, Weiß und Purpurtönen. Blüht bis zum Herbst.

Blütensträucher

Abelia × grandiflora · Großblütige Abelie
○ △ So BF ↕ 3 m ↔ 3 m
Kräftiger, verzweigter, mittelgroßer halbimmergrüner Strauch. Glänzend dunkelgrünes Laub. Von Hochsommer bis Herbst eine Fülle duftender sternförmiger, rosa-weißer Blüten.

Allamanda **'Golden Sprite'**
○ △ So SE ↕ 1 m ↔ 1 m
Kleiner, gedrungener immergrüner Strauch mit glänzendem, ledrigem, hellgrünem Laub. Ganzjährig mit kleinen, gelben Blüten aus braunen Knospen.

Artemisia arborescens · Beifuß
○ △ So FE ↕ 1,5 m ↔ 75 cm
Aufrechter, immergrüner Strauch. Weiches, silberweißes, fein gefiedertes aromatisches Laub. Vom Spätsommer bis Herbst kleine graugrüne Blüten mit gelbbrauner Mitte.

Buddleja davidii **'Black Knight'** · Schmetterlingsstrauch
○ △ So VF ↕ 2,5-3,7 m ↔ 2,5-3,7 m
Sommergrüner, kräftiger, überhängend wachsender Strauch. Lange, tiefgrüne, unterseits weißfilzige Blätter. Rispen mit winzigen violetten Röhrenblüten vom Hochsommer bis Herbst.

Camellia japonica **'Tricolor'** · Japanische Kamelie
◗ △ <7 Fr BF ↕ 3-6 m ↔ 3-4,5 m
Kompakter immergrüner Strauch mit ovalen, glänzenden dunkelgrünen Blättern. Mittelgroße, halbgefüllte weiße Blüten mit karminroten Streifen.

Camellia sasanqua · Kamelie
◗ △ <7 He FE ↕ 3-6 m ↔ 3-4,5 m
Dichter, aufrechter, rasch wachsender immergrüner Strauch. Lange ovale hellgrüne Blätter. Bringt im Herbst eine Fülle fast flacher bis becherförmiger, einfacher duftender weißer Blüten hervor.

Camellia × williamsii **'Donation'** · Kamelie
◗ △ <7 Fr FE ↕ 1,8-4,5 m ↔ 90-300 cm
Immergrüner, aufrechter Strauch mit kleinen, glänzenden mittelgrünen Blätter. Im Frühling Unmengen becherförmiger, halbgefüllter rosa Blüten.

Carpenteria californica · Kalifornische Zistrose
○ ◗ So FE ↕ 2 m ↔ 2 m
Immergrüner, rundlicher, buschiger Strauch. Lanzettförmiges, dunkelgrünes glänzendes Laub. Kamelienartige, duftende weiße Blüten mit gelbem Herz öffnen sich den Sommer hindurch.

Chimonanthus praecox · Winterblüte
○ △ Wi BF ↕ 2,5 m ↔ 3 m
Buschiger, sommergrüner Strauch. Im Winter sind die unbelaubten Zweige mit stiellosen, fast durchsichtig gelben, duftenden Blüten bedeckt. In etwa ovale, glänzende dunkelgrüne Blätter.

Cistus salviifolius · Salbeiblättrige Zistrose
○ △ So FE ↕ 75 cm ↔ 75 cm
Dichter, buschiger immergrüner Strauch. Bildet eine Kuppel aus graugrünem, gekräuseltem Laub. Im Frühsommer unzählige weiße becherförmige Blüten mit zentralen gelben Flecken.

Cistus × cyprius · Zistrose
○ △ So FE ↕ 1,5 m ↔ 1,5 m
Immergrüner Strauch mit dunkelgrünen, klebrigen schmalen Blättern. Im Frühsommer große weiße Blüten mit gelber Mitte und einem roten Fleck an der Basis jedes Kronblattes.

Correa **'Mannii'**
○ △ So FE ↕ 2 m ↔ 2 m
Buschiger, immergrüner Strauch mit schlanken Trieben. Schmal-ovale Blätter, unterseits leicht behaart. Scharlachrote hängende Röhrenblüten vom Spätsommer bis Frühling.

Daphne mezereum · Seidelbast
○ △ Fr VF ↕ 1,2 m ↔ 90-120 cm
Aufrechter, sommergrüner Strauch. Die unbelaubten Triebe sind im Vorfrühling von duftenden kleinen rosa oder purpurnen Blüten übersät. Später rote fleischige Beeren und graugrüne Blätter.

Daphne odora **'Aureomarginata'**
○ △ Wi BF ↕ 1,5-1,8 m ↔ 1,5-1,8 m
Buschiger immergrüner Seidelbast mit dunkelgrünen, ovalen Blättern mit schmalem gelbem Rand. Von Mitte des Winters bis zum zeitigen Frühjahr duftende sternförmige Blüten in endständigen Büscheln.

Daphne × burkwoodii **'Astrid'**
○ △ Fr VF ↕ 1,5 m ↔ 1,5 m
Aufrechter halbimmergrüner Strauch. Im Spätfrühling Büschel duftender weißer und rosa Blüten, mitunter zweiter Flor im Herbst. Mittelgrüne, lanzettliche Blätter mit cremeweißem Rand.

Euonymus europaea · Pfaffenhütchen
○ △ He VF ↕ 1,8-3 m ↔ 1,8-3 m
Buschiger, Laub abwerfender Strauch. Mittelgrüne, schmal-ovale Blätter mit roter Herbstfärbung. Auffallende purpurrosa Fruchtkapseln.

Fothergilla major · Großer Federbuschstrauch
◗ ◗ <7 Fr VF ↕ 1,8-2,5 m ↔ 1,2-1,8 m
Sommergrüner, aufrechter Strauch. Duftende, endständige weiße Blütenähren im

Frühjahr. Glänzend dunkelgrünes, ovales Laub mit orangeroter Herbstfärbung.

Grevillea rosmarinifolia

○ △ <7 So FE ↕ 2 m ↔ 2 m

Rundlicher, hübsch verzweigter, immergrüner Strauch. Dichte Büschel roter Röhrenblüten. Dunkelgrüne, rosmarinähnliche Blätter, unterseits behaart.

Halimium 'Susan'

○ △ So FE ↕ 45 cm ↔ 60 cm

Kleiner, immergrüner Strauch. Dunkelgrüne, kleine ovale Blätter. Leuchtend gelbe becherförmige Blüten mit gelben Staubbeuteln. Neigt zum Wuchern.

Hamamelis mollis · Zaubernuss

○ ◖ Wi VF ↕ 4 m ↔ 4 m

Sommergrüner, lockerer aufrechter Strauch. Im Winter an unbelaubten Zweigen duftende gelbe, spinnenähnliche Blüten. Ovale, mittelgrüne Blätter, im Herbst rot, orange, gelb.

Helianthemum apenninum · Sonnenröschen

○ △ So VF ↕ 40 cm ↔ 40 cm

Niederliegend-aufgerichteter Halbstrauch mit länglichen, grau-weißfilzigen Blättern und Stängeln. Von Mai bis August weiße, am Grunde gelbe Blüten.

Heliotropium arborescens · Heliotrop

○ △ Fr SE ↕ 75 cm ↔ 90 cm

Buschiger immergrüner Strauch. Fein gekräuselte, dunkelgrüne Blätter. Vom Spätfrühling bis Winter Büschel schwach duftender purpurroter bis weißer Blüten.

Hypericum androsaemum · Mannsblut

◖ △ So BF ↕ 75 cm ↔ 75 cm

Laub abwerfender Strauch mit ovalen, kräftig grünen Blättern. Aus kleinen, sternförmigen gelben Blüten gehen im Herbst runde schwarze Beeren hervor.

Kalmia latifolia · Berglorbeer

○ ◖ <7 So VF ↕ 3 m ↔ 3 m

Immergrüner, dicht buschiger Strauch. Ledriges, dunkelgrünes Laub, große Büschel schalenförmiger rosa Blüten.

Mahonia aquifolium 'Apollo' · Mahonie

◖ ◖ Fr VF ↕ 90-120 cm ↔ 1,5 m

Immergrüner, lockerer Strauch. Die gefiederten, hellgrün glänzenden Blätter werden im Winter häufig purpurrot und rot. Große Trauben hellgelber Blüten, gefolgt von blauschwarzen Beeren.

Philadelphus 'Erectus' · Pfeifenstrauch

○ △ So VF ↕ 1,2-1,5 m ↔ 1,2-1,5 m

Laub abwerfender, offen verzweigter Strauch. Ovale dunkelgrüne Blätter und unzählige duftende weiße Blüten.

Potentilla fruticosa 'Red Ace' · Fingerkraut

◖ △ Fr VF ↕ 75 cm ↔ 1,5 m

Buschiger, sommergrüner Strauch. Schmale, grau- bis dunkelgrüne Blätter. Vom Spätfrühling bis Herbst hell zinnoberrote Blüten mit gelber Mitte.

Rhododendron 'Elizabeth'

◖ △ <7 Fr VF ↕ 1,5-4 m ↔ 1,5-4 m

Kuppelförmiger immergrüner Strauch. Längliche Blätter und Dolden großer, roter trompetenförmiger Blüten.

Rhododendron fortunei

◖ ◖ <7 Fr VF ↕ 4 m ↔ 2 m

Aus China stammende Rhododendron-Art. Immergrüner, großer Strauch, duftende, gelblich rosa Blüten im Mai.

Rhododendron luteum · Azalee

◖ ◖ <7 Fr VF ↕ 2,5-3,7 m ↔ 2,2-3 m

Laub abwerfender Strauch mit offenem Wuchs. Unzählige trichterförmige, hellgelbe, duftende Blüten. Längliche Blätter mit intensiver Herbstfärbung.

Rosa 'Aloha' · Rose

○ △ So VF ↕ 2,5 m ↔ 2,5 m

Steif-aufrechte, buschige Kletterrose. Ledrige dunkelgrüne Blätter. Vom Spätsommer bis Herbst große, becherförmige, duftende, gefüllte rosa Blüten.

Rosa × damascena · Damaszenerrose

○ △ So VF ↕ 2 m ↔ 3 m

Kleiner Strauch mit gräulich grünen Blättern. Große duftende Blüten, rot bis weiß, weiße Hagebutten. 'Versicolor': weiße Blüten mit rosaroten Flecken.

Rosa gallica var. officinalis · Apothekerrose

◖ △ So VF ↕ 75 cm ↔ 1 m

Beliebte Alte Rose. Hübscher, buschiger Wuchs, dunkelgrüne Blätter. Stark duftende, halbgefüllte rosig-karmesinrote Blüten mit gelben Staubgefäßen.

Rosa hemisphaerica

○ △ So VF ↕ 2 m ↔ 1,2 m

Mittelgroße Strauchrose mit seegrünen Fiederblättern. Den ganzen Sommer hindurch süß duftende, gefüllte schwefelgelbe Blüten.

Rosa 'Madame Hardy'

○ △ So VF ↕ 2 m ↔ 1,5 m

Kräftige, aufrechte Damaszenerrose. Ledrige mattgrüne Blätter. Stark duftende, gut gefüllte weiße Blüten.

Rosa moschata · Moschusrose

○ △ So FE ↕ 2-3,5 m ↔ 1,2 m

Kräftiger Strauch mir glänzenden dunkelgrünen Fiederblättern. Vom Spätsommer bis Herbst große Büschel cremeweißer, nach Moschus duftender Blüten.

Rosa rubiginosa · Weinrose

○ △ So VF ↕ 2,4 m ↔ 2,4 m

Starkwüchsige, bogig überhängende dornige Triebe mit nach Äpfeln duftendem Laub. Rosa Blüten im Sommer; im Herbst ovale rote Hagebutten.

Rosa virginiana

○ △ So VF ↕ 1 m ↔ 75 cm

Kleine, Schösslinge bildende Strauchrose. Glänzend grüne Blätter, im Herbst erst purpurrot, dann karminrot und gelb. Leuchtend rosa Blüten.

Telopea speciosissima

○ △ >7 So FE ↕ 3 m ↔ 2 m

Buschiger, aufrechter Strauch aus Australien. Grobe, gezähnte ovale Blätter und große, auffällige Blütenstände aus kleinen roten Röhrenblüten, umgeben von leuchtend roten Hochblättern.

Viburnum carlesii · Schneeball

○ △ Fr VF ↕ 1,5-1,8 m ↔ 1,8 m

Rundlicher, sommergrüner, buschiger Strauch mit dunkelgrünen Blättern, die sich im Herbst rot färben. Rosa Knospen öffnen sich zu duftenden weiß-rosa Blüten, denen schwarze Früchte folgen.

Viburnum tinus · Lorbeer-Schneeball

○ △ Fr BF ↕ 2,5-3,7 m ↔ 3 m

Dicht buschiger, immergrüner Strauch. Ovale dunkelgrüne Blätter. Im Frühling erscheinen flache Blütenköpfe mit kleinen weißen Blüten, aus denen sich blauschwarze Früchte entwickeln.

Viburnum × bodnantense 'Dawn'

○ △ Wi VF ↕ 2,5-3,7 m ↔ 1,5-2,5 m

Aufrechter, sommergrüner Strauch. Ovale Blätter, beim Austrieb bronzefarben, später hellgrün. Vom Spätherbst bis zum zeitigen Frühjahr erscheinen tiefrosa Knospen, die sich zu stark duftenden rosa Blüten öffnen.

Wasser- und Sumpfpflanzen

Carex elata 'Aurea' · Steife Segge

○ ◆ VF ↕ 50-70 cm ↔ 40-50 cm

Horstbildende, immergrüne Segge mit schmalen, aufrechten, leicht überhängenden goldgelben Blättern mit grünem Rand. Im Sommer bräunlich schwarze Blütenähren.

Iris pseudacorus · Sumpfschwertlilie

● ◆ So VF ↕ 2 m ↔ 30-45 cm

Wüchsige bartlose Iris. Breite, gerippte, graugrüne schwertförmige Blätter. Verzweigte Sprosse mit goldgelben Blüten, häufig braun oder violett geadert.

Matteuccia struthiopteris · Straußenfarn

◖ ◆ VF ↕ 1-1,5 m ↔ 60-90 cm

Sommergrüner, rhizombildender Farn mit einem äußeren Ring leicht überhängender gelbgrüner Wedel, in der Mitte kürzere, grünlich braune Wedel. Alle speerförmig, dünn und tief eingeschnitten mit dunkelbraunen Mittelrippen.

Nymphaea 'American Star' · Seerose

○ So VF ↔ 1,2 m

Sommergrüne Staude mit herzförmigen schwimmenden Blättern, beim Austrieb purpurrot-bronzefarben, später hellgrün. Den Sommer hindurch tiefrosa halbgefüllte Blüten, die über der Wasseroberfläche stehen.

Nymphaea caerulea · Blaue Lotosblume

○ So SE ↔ 1,2 m

Seerose mit hellgrünen, herzförmigen Blättern und Blüten mit tiefgelber Mitte und zahlreichen Petalen. Jedes Blütenblatt ist an der Spitze hellblau und geht zur Basis hin ins Purpurrote über.

Nymphaea 'Marliacea Albida'

○ So VF ↔ 2 m

Sommergrüne Staude. Seerose mit tiefgrünen herzförmigen Blättern mit purpur-grünen Unterseiten. Im Sommer reinweiße, becherförmige, halbgefüllte duftende Blüten.

Osmunda regalis · Königsfarn

◖ ◆ VF ↕ 2 m ↔ 1 m

Sommergrüner Farn mit breit dreieckigen, gefiederten hellgrünen Wedeln, die beim Austrieb rosa überhaucht sind. Bei ausgewachsenen Pflanzen rostbraune troddelartige Sporangien.

Register

Danksagung

Schlüssel: *S = Seite, o = oben, m = Mitte, u = unten, l = links, r = rechts,*
GPL = Garden Picture Library, Ges = Gestaltung

Erste und letzte Seite Jerry Harpur/Ges: Thomas Church, *S. 1* GPL/Lamontagne, *S. 2* GPL/Gary Rogers, *S. 3* Melanie Eclare, *S. 4/5* GPL/Steven Wooster, *S. 6/7* Tim Street-Porter/Galuez/Baragán, *S. 8* Jerry Harpur/Ges: Tom Hobbs, *S. 9 o* GPL/Gary Rogers, *m* Hugh Palmer/Polly Park, *u* GPL/Ron Sutherland, *S. 10* Jerry Harpur/Jean-Pierre Chalon, *S. 11* GPL/Steven Wooster, *S. 12/13* Jerry Harpur/Ges: Penelope Hobhouse, *S. 13 r* Steven Wooster, *S. 14/15* GPL/Michael Paul, *S. 16* Jerry Harpur/Crowinshield, USA, *S. 17 o* Bridgeman Art Library/Waterhouse and Dodd, London, *u* Jerry Harpur/Crowinshield, USA, *S. 18 o* GPL/Gary Rogers, *u* Jerry Harpur/Ges: Christopher Masson, London, *S. 20 o* Bridgeman Art Library/Victoria and Albert Museum, London, *m* GPL/Marijke Heuff, *u* Jerry Harpur/Daniel Baneuil, *S. 21* Hugh Palmer/Casa de Pilatos, *S. 23* The Interior Archive/Simon Upton/Ges: Grazia Gazzoni, *S. 24* Bridgeman Art Library/Österreichische Nationalbibliothek, Wien, *S. 25* Melanie Eclare/Les Jardins du Prieuré Notre Dame d'Orsan, Frankreich, *S. 26* Hugh Palmer/Les Jardins du Prieuré Notre Dame d'Orsan, Frankreich, *S. 28* Jerry Harpur/Ilford Manor, *S. 29 o* Hugh Palmer/Isola Bella, Italien, *S. 29 u* Marcus Harpur/Barnard's, Essex, *S. 30* The National Trust Picture Library, *S. 32 o* Bridgeman Art Library/Chester Beatty Library and Gallery of Oriental Art, Dublin, *u* GPL/Michael Paul, *S. 33* GPL/Steven Wooster, *S. 34 o* GPL/Michael Paul, *ul* GPL/Michael Paul, *ur* GPL/Ron Sutherland, *S. 36* GPL/Gary Rogers, *S. 37 o* GPL/Steven Wooster, *u* Bridgeman Art Library/Museum of the City of New York, *S. 38 l* GPL/Steven Wooster, *or* GPL/Gary Rogers, *ur* GPL/Gary Rogers, *S. 40 l* GPL/Brigitte Thomas, *r* Bridgeman Art Library/Mallet and Son Antiques Ltd, London, *S. 41* Hugh Palmer/Jenkyn Place, *S. 42 o* GPL/Brigitte Thomas, *u* Hugh Palmer/Trewithin, *S. 44/45* Tim Street-Porter/Gilardi, *S. 45 or* Bridgeman Art Library © Fernando Botero, mit freundlicher Genehmigung, Marlborough Gallery, New York, *mr* GPL/Michael Paul, *ur* The Interior Archive/Cecilia Innes/José Yturbe, *S. 47 l* Tim Street-Porter/Kahlo, *or* The Interior Archive/Juan Sordo Madelena, *ur* GPL/Gary Rogers, *S. 48 l* Jerry Harpur/Ges: Thomas Church, *r* GPL/Vivian Russell, *S. 49* Jerry Harpur/Ges: Thomas Church, *S. 51 o* Jerry Harpur/Ges: Juan Grimm, *u* John Brookes Landscape Design/Ges: John Brookes, *S. 52* Jerry Harpur/Ges: Topher Delaney, San Francisco, *S. 53 o* Jerry Harpur/Ges: Topher Delaney, San Francisco, *u* Jerry Harpur/Ges: Steve Oliver, *S. 54 l* Clive Nichols/Ges: Christopher Bradley-Hole, *r* GPL/Steven Wooster, *S. 56/57* GPL/Gary Rogers, *S. 58/59* GPL/Gary Rogers, *S. 59 r* GPL/Jerry Pavia, *S. 60 o* GPL/Jerry Pavia, *u* GPL/Gary Rogers, *S. 62* GPL/Gary Rogers, *S. 63* Caroline Jones, *S. 65 o* GPL/Gary Rogers, *u* Jerry Harpur, *S. 67* GPL/Steven Wooster, *S. 69 o* GPL/Michael Paul, *u* GPL/Steven Wooster, *S. 70* Steven Wooster/Hampton Court Flower Show/Ges: Bonita Bulaitis, *S. 71* Melanie Eclare, *S. 72 o* Helen Fickling/Ges: Diana Yakeley, *u* Jerry Harpur/Ges: Tom Hobbs, *S. 74 o* GPL/Ron Sutherland, *m* Jerry Harpur/Sun House, Long Melford, Suffolk, *S. 75* Clive Nichols/Sue Berger, *S. 76 o* Hugh Palmer/Tyninghame House, East Linton, Lothian, *m* Helen Fickling/Ges: Diana Yakeley, *u* Helen Fickling/Ges: Ruth Barclay, *S. 78/79* GPL/Ron Sutherland, *S. 81 o* Clive Nichols/Simon Irvine, *u* The Interior Archive/Helen Fickling/Ges: Catherine Mason, *S. 82 o* GPL/Jerry Pavia, *u* GPL/Jacqui Hurst, *S. 84* GPL/Gary Rogers, *S. 85* Tim Street-Porter/Galuez/Baragán, *S. 86 o* Jerry Harpur, *ul* GPL/Michael Paul, *ur* GPL/Gary Rogers, *S. 87 o* GPL/Ron Sutherland, *u* GPL/Gary Rogers, *S. 90/91* Melanie Eclare/Ges: Michele Osborne, *S. 90 l* GPL/Ron Sutherland, *r* GPL/Michael Paul, *S. 92 l* GPL/Steven Wooster/Ges: Michele Osborne, *r* GPL/Michael Paul, *S. 94/95* The Interior Archive/Simon Upton/Ges: Marja Walters/Michael Reeves, *S. 96 o* Clive Nichols/George Carter/Chelsea '99, *u* Steven Wooster/The Morrell's Garden, Wainui Beach, Neuseeland, *S. 97* Arcaid/Garry Sarre/Belle, *S. 98/99* Jerry Harpur/Ges: Sonny Garcia, San Francisco, USA, *S. 98 ol* Jerry Harpur/Ges: Margot Knox, Melbourne, Aus., *S. 99 r* Jerry Harpur/Ges: Steve Chase, Palm Springs, USA, *S. 100 o* Jerry Harpur/Ges: Topher Delaney, San Francisco, *u* GPL/Marijke Heuff, *S. 101* Clive Nichols/Ges: Christopher Bradley-Hole, *S. 102 ol*

GPL/Michael Paul, *um* GPL/Gary Rogers, *ur* Jerry Harpur/Ges: Stephen Woodhams, *S. 103 l* Clive Nichols/Ges: Steve Bird, *r* GPL/John Glover, *S. 104* Jerry Harpur/Ges: Robert Watson, *S. 105* The Interior Archive/Simon Upton/Ges: Grazia Gazzoni, *S. 106* Jerry Harpur/Ryoan-ji Temple, Kyoto, *S. 107* Helen Fickling/Ges: Ruth Barclay, *S. 108 ml* The InteriorArchive/Herbert Ypma/José Yturbe, *ul* GPL/Michael Paul, *r* GPL/John Glover, *S. 109 o* Jerry Harpur, *u* GPL/Michael Paul, *S. 110/111* Jerry Harpur/Ges: Paul Guest, *S. 110 ol* GPL/Steven Wooster, *ul* GPL/Gil Hanly, *S. 111 r* Helen Fickling/Anne Birnhak, *ur* GPL/Ron Sutherland, *S. 112/113* GPL/Steven Wooster, *S. 112 ol* GPL/Marijke Heuff, *S. 114* Jerry Harpur/Ilford Manor, *S. 115* Jerry Harpur/Ges: D. Gabouland, *S. 116* Steven Wooster/Ross & Paula Greenville, *S. 117* GPL/Ron Sutherland, *S. 118/119* Jerry Harpur/Ges: R. David Adams, *S. 118 o* Helen Fickling/Ges: Anne Birnhak, *l* Helen Fickling/Ges: Ruth Barclay, *S. 119 o* Jerry Harpur/Ges: Topher Delaney, San Francisco, *S. 119 r* Jerry Harpur/Ges: Claude & Andrez Dancel, *S. 120/121* Clive Nichols/Trevyn McDowell, *S. 120 o* Steven Wooster/Ges: Michele Osborne, *ul* Clive Nichols/Ges: Helen Sinclair & Mike Cedar, *S. 122/123* The Interior Archive/Fritz von der Schulenburg/Ges: Nico Rensch, *S. 124 l* Helen Fickling/Ges: Ruth Barclay, *r* Helen Fickling/Ges: Ruth Barclay, *S. 125* Jerry Harpur/Ges: Annie Wilkes, *S. 126* Hugh Palmer, *S. 127 ol* Helen Fickling/Ges: Diana Yakeley, *or* Helen Fickling/Ges: Ruth Barclay, *ul* Clive Nichols/Robin Green/Ralph Cade, *ur* Hugh Palmer/Kingstone Cottage, *S. 128* Terragram Pty Ltd/Walter Glover, *S. 129 o* Andrew Lawson/Ges: Jane Sweetser, Hampton Court '99, *u* Terragram Pty Ltd/Walter Glover, *S. 130* GPL/Gary Rogers, *S. 131 l* GPL/Gary Rogers, *r* Melanie Eclare/Ges: Gunilla Pickard, *S. 132 o* Hugh Palmer, *u* GPL/John Neubauer, *S. 133 l* Helen Fickling/Ges: Ruth Barclay, *or* GPL/Steven Wooster, *ur* Tim Street-Porter/Gilardi, *S. 134/135* Steven Wooster/James Wright's Garden nr. Auckland, Neuseeland, *S. 134 l* GPL/J. S. Sira, *S. 136* The Interior Archive/Tim Beddow, *S. 137* GPL/Gary Rogers, *S. 138* Hugh Palmer/Pelham Crescent, *S. 139 o* GPL/Michael Paul, *u* Helen Fickling/Ges: Diana Yakeley, *S. 140 l* GPL/Brigitte Thomas, *or* GPL/Steven Wooster, *ur* GPL/Ron Sutherland, *S. 141 l* Jerry Harpur/Jean Anderson, Seattle, USA, *or* Jerry Harpur/Ges: Thomas Church, *ur* Arcaid/Alan Weintraub, *S. 142* Helen Fickling/Ges: Anne Birnhak.

Danksagung des Autors

Ich möchte jedem danken, der mit großem, unermüdlichem Einsatz zur Entstehung dieses Buches beigetragen hat, insbesondere Emily Hedges, Casey Horton, Erica Hunningher, Chris Gardner, Fiona Lindsay, Tony Lord, Larraine Shamwana, Jacqui Small, Helen Smythe, Arlene Sobel und Maggie Town. Großen Dank schulde ich ebenfalls meiner Familie und meinen Freunden, die mich großartig unterstützt haben, und natürlich Terry the Cat.

Weitere Informationen zu Toby Musgrave finden sich unter *www.tobymusgrave.com*

ANMERKUNGEN:

[1] Lancelot „Capability" Brown (1716–1783) war zunächst Gärtner in Northumberland, später in Stowe (Buckinghamshire), wo er sich rasch zum führenden Landschaftsarchitekten entwickelte. Sein Ziel war es, aus vorhandenen Landschaftselementen ein harmonisches Gesamtbild zu schaffen: Das Ergebnis ist heute als der typische englische Landschaftsgarten bekannt.

[2] Die Nazca-Kultur war von etwa 370 v. Chr.–450 n. Chr. die dominierende Kultur im südlichen Küstenabschnitt Perus. Berühmt sind die Nazca-Linien (auch als Geoglyphen bekannt): riesige, geheimnisvolle Linien-Bilder, die auf der gleichnamigen Hochebene in den Erdboden gescharrt wurden. Die Erdbilder geben meist Tiergestalten wieder (darunter auch eine Spinne), aber auch menschenähnliche Formen oder einfache Spiralen oder Linien kommen vor. Entdeckt wurden die Geoglyphen in den späten 20er-Jahren vom Flugzeug aus. Ihr Zweck ist bis heute noch ungeklärt.

[3] Xeriscape bzw. Xeriscaping (engl.): Zusammensetzung aus *xeric* (= trocken) und *landscaping* (= Landschaftsgestaltung).